PLAN DE LECTURE
POUR
UNE JEUNE DAME.

PLAN DE LECTURE POUR UNE JEUNE DAME.

Un beau naturel négligé ne porte jamais de fruits mûrs.
VAUVENARGUE, *Connoiſſance de l'Eſprit humain.*

SECONDE ÉDITION.

Augmentée d'un Supplément et de divers morceaux de Littérature et de Morale.

PAR

CL. FR. AD. DE LEZAY-MARNÉSIA.

À LAUSANNE,
Chez A. FISCHER & LUC VINCENT.
Et à PARIS,
Chez LOUIS, Libraire, rue St. Severin, N° 110.

1800.

A V I S.

La première édition de cet écrit promptement épuisée, on a cru devoir en donner une nouvelle; elle est entiérement conforme à la première : on s'est contenté d'y joindre un Supplément, que quelques très-bons ouvrages publiés depuis 1784, ont rendu nécessaire. Ils ne sont pas nombreux. Les Révolutions ne semblent pas favorables aux talens & aux lettres. Il est à craindre que les lumières qu'ils ont répandu depuis Pascal jusqu'à Buffon, ne soient pour long-tems éteintes.

ÉPITRE DÉDICATOIRE

À

LA Ce. VEUVE CHARMET,

Imprimeur-Libraire.

C'est à la plus chere, la meilleure, la plus sensible des Amies, à la seule qui me reste, que je fais hommage de ce petit ouvrage. Il auroit tout le mérite qui lui manque, s'il avoit été écrit sous vos yeux. Qui connoît, qui juge mieux les livres que vous? qui sait mieux quels sont ceux qui sont les plus convenables à votre sexe? quelle femme en a fait un meilleur usage, en a profité davantage? Vous recevrez cette offrande comme un foible gage de mon ancienne amitié, de mes sentimens les plus tendres. Elle vous fera verser quelques larmes encore sur le sort d'un Ami près de la tombe, bien malheureux, bien persécuté, en proie à toutes les souffrances, dévoré par tous les maux, mourant et réduit à la misère. C'est d'une patrie qu'il a toujours voulu servir, qu'il a toujours si tendrement aimée, qu'on le bannit, qu'on le chasse, après l'avoir entiérement dépouillé; mais son courage lui reste, la résignation le soutient. Le souvenir le reporte vers vous et lui ramène des pensées consolantes, aimables et douces. Il se dit : la femme rare et vertueuse que je chérirai jusqu'à mon dernier instant, me plaint et ne cessera point de m'aimer; mon ame aura toujours sa patrie dans son ame. *Il est encore pour lui des momens très-heureux. Adieu, mon Amie.*

À Lausanne, le 13 Février 1800.

PRÉFACE.

L'HOMME de bon sens lui-même est quelquefois forcé d'augmenter le déluge des écrits inutiles : il s'en afflige et céde à la nécessité. Mais il seroit sur-tout très-peiné, si l'on pensoit qu'il attache quelqu'importance à des feuilles tracées sans travail, et qui ne contiennent rien de neuf.

Celles-ci n'auroient jamais été écrites, si elles n'avoient pas été demandées ; et on ne les imprimeroit pas, si l'on ne croyoit qu'elles peuvent avoir le mérite d'épargner aux Dames un peu de peine et d'embarras dans le choix de leurs lectures. L'Auteur les apprécie ; et de tous les juges qu'elles pourront avoir, il ne s'en trouvera pas qui les estime moins que lui : cependant on en a fait des copies, et l'on a daigné les honorer de plusieurs observations.

Un homme, qui n'est point encore connu dans la littérature ; mais qui, pour l'être très-avantageusement, n'auroit qu'à le vouloir, m'a fait quelques reproches et demandé quelques additions. Je ne sais pas si les reproches sont justes, et je ne crois pas les additions nécessaires. „ Pourquoi ! m'a-t-il écrit, ne pas donner aux

„ femmes des notions de métaphisique?" Parce que la nature elle-même a pris soin de leur donner celles dont elles ont besoin; parce que les femmes d'esprit, qui réunissent un sens droit et une ame sensible, ont une métaphisique bien aussi fine, bien aussi sûre, et sur-tout beaucoup plus claire, que celle des livres abstraits, que je crois au moins très-inutiles pour elles. Dans une conversation facile, dans quelques pages rapidement tracées, elles analysent mieux le cœur humain, suivent mieux la marche des passions, que Locke, Bonnet et l'Abbé de Condillac n'ont pu le faire.

„ La Phisique, l'Histoire naturelle, que „ l'Abbé Nollet et M. de Buffon ont fait „ goûter aux esprits les plus frivoles, „ n'auroient pas dû être oubliées dans des „ conseils de lecture." Non sans doute; si mon but avoit été d'ouvrir aux femmes la route des sciences, et de leur indiquer les meilleurs guides; mais ce but n'a pas été le mien. Je pense au contraire, que les sciences, loin d'être utiles aux femmes, leur nuiroient: qu'elles nous laissent les connoissances vastes et profondes, les vertus fortes et actives, leur partage est encore assez beau. Il leur reste les vertus douces et paisibles, les talens enchanteurs, l'esprit, les grâces; et par l'heureux don de plaire, le moyen sûr de nous captiver.

J'ai connu des Phisiciennes et des Naturalistes; j'ai respecté leurs lumières sans en être ébloui, et sans en profiter. J'ai connu des femmes instruites, aimables, simples et modestes, et j'ai trouvé dans leur société des charmes, un intérêt, que la société des savantes n'avoit pas. Mais écoutons le sage Montagne; c'est le langage de la raison qn'il parlera.

„ Si les bien nées me croient, elles se
„ contenteront de faire valoir leurs pro-
„ pres et naturelles richesses. Quand je
„ les vois attachées à la judiciaire, à la
„ logique et semblables drogueries, si vai-
„ nes et si inutiles à leurs besoins, j'en-
„ tre en crainte que les hommes qui le
„ leur conseillent, le fassent pour avoir
„ loi de les régenter sous ce titre; car
„ quelle autre excuse leur trouverai-je?
„ Baste qu'elles peuvent, sans nous, ran-
„ ger la grace de leurs yeux à la gaieté,
„ à la sévérité et à la douceur; affaison-
„ ner un nenni de rudesse, de doute et
„ de faveur, et qu'elles ne cherchent
„ point d'interprête aux discours qu'on
„ fait pour leur service. Avec cette scien-
„ ce elles commandent à la baguette, et

„ régentent les régens et l'école. Si tou-
„ tefois elles veulent avoir part aux livres,
„ la poésie est un amusement propre à
„ leur besoin : c'est un art folâtre et sub-
„ til, parleur, tout en plaisir, tout en
„ montre comme elles ; elles tireront aussi
„ diverses commodités de l'Histoire et de
„ la Philosophie, de la part qui sert à
„ la vie ; elles prendront les discours qui
„ les dressent à juger de nos humeurs et
„ conditions, à se défendre de nos tra-
„ hisons, à régler la témérité de leurs pro-
„ pres désirs ; ménager leur liberté, allon-
„ ger les plaisirs de la vie, et à porter
„ humainement l'inconstance d'un servi-
„ teur, la rudesse d'un mari et l'importu-
„ nité des ans et des rides et choses sem-
„ blables. Voilà, pour le plus, la part
„ que je leur assignerois aux sciences ".

Un Ecrivain, dont je respecte l'opinion, auroit voulu que je caractérisasse les Historiens d'Italie, et sur-tout que j'indiquasse les meilleurs Mémoires sur l'Histoire de France : mais en suivant son avis, je ne serois peut-être parvenu qu'à rendre mon travail plus long, plus fatigant pour moi et moins instructif qu'ennuyeux pour mes lecteurs. J'aurois fait un gros livre, ce dont j'espère que le Ciel me préservera toujours. D'ailleurs si le plan que je trace aide les femmes qui l'adopteront à porter de bons jugemens, j'aurai mieux fait que si j'en avois porté moi-même, ou plutôt que si j'avois répété des jugemens qui sont fixés depuis long-tems d'une manière irrévocable.

J'ai presque la même réponse à faire à un homme de lettres du premier ordre, qui a pensé que j'aurois dû comparer, analyser nos grands Auteurs Dramatiques. Je viendrois un peu tard pour une semblable entreprise, et je ne trouverois pas même à glaner dans un champ déja moissonné tant de fois. Que dire de Corneille et de Racine après Vauvenargue ? de Corneille, de Racine et de Voltaire, après M. de Saint-Lambert et après l'Auteur de la fable de l'Aigle et du Hibou, dont il est plus aisé de critiquer que d'avoir les défauts.

Il vaut mieux engager à relire les excellens ouvrages, que de les copier en les affoiblissant. Je renvoie donc au morceau de Vauvenargue sur Corneille et sur Racine, quoique je n'adopte pas entiérement le jugement qu'il porte de notre premier Poëte Dramatique ; aux notes du quatrième Chant du Poëme des Saisons, où M. de Saint-Lambert développe, d'une manière lumineuse et profonde, les principes du plus beau de tous les arts; où il prend la balance du Philosophe, après avoir tiré de la lyre du Poëte les sons les plus heureux, et aux notes 36, 37, 38 et 39 de la fable de l'Aigle. Quelques traits de ces maîtres en disent plus que les longs discours des Rhéteurs. Quel est celui d'entre eux qui a jugé Britannicus avec autant de précision et de sagacité, quoiqu'avec autant de finesse et d'éclat qu'on en voit dans ces notes ?

Quand j'entends calomnier l'esprit, et rien n'est si commun, il me semble entendre des aveugles qui accusent les yeux de tous les faux pas que font ceux qui voyent clair.

Les hommes de génie donnent le mouvement et la chaleur à leur siécle; les hommes de beaucoup d'esprit, en fixant les idées, en assurant l'opinion, lui donnent la lumière et le repos.

Cette bagatelle, comme tout ce qui est sujet au jugement des hommes, a éprouvé le sort du Meûnier de la Fable. Chacun vouloit qu'elle fut modifiée selon son sentiment; mais moi qui savois l'apologue du bon La Fontaine, j'ai dit aussi:

> Est bien fou du cerveau
> Qui prétend contenter tout le monde et son père.

PLAN

PLAN DE LECTURE

POUR UNE JEUNE DAME.

POURQUOI, demandoit Louis XIV au Maréchal de Vivonne, passez-vous autant de tems avec vos livres ? Sire, c'est parce qu'ils donnent à mon esprit la fraîcheur, le coloris, que donnent à mes joues les excellentes perdrix de votre Majesté. Le Courtisan avoit raison : comme la figure, l'esprit languit, se fane, s'éteint, s'il n'est pas nourri. Mais ce n'est pas assez de lui donner des alimens ; il faut qu'ils soient agréables et préparés de maniere à ne point amener le dégoût.

Les Dames ne le sentent pas assez ; et cependant elles ont encore plus besoin de l'instruction des livres que les hommes du monde, qui ont des moyens beaucoup plus abondans de s'éclairer. Il vient un tems, et c'est rapidement qu'il arrive, où les plaisirs qui suivent la jeunesse, les succès, qui sont le prix de la beauté, et les grâces, qui donnent du charme à toutes les actions, s'éclipsent, et ne laissent après eux que le vuide du néant, si, dans les premieres années, on n'a pas appris à les remplacer par des jouissances, peut-être plus douces encore que celles qui fuient avec le printems. Enseigner aux femmes à vieillir sans humeur et sans ennui, seroit le plus grand service qu'on pourroit leur rendre.

Les Lafayette, les Deshoullieres, les Sévigné, les Tencin, et tant d'autres Dames moins célèbres, ont su rendre leur midi et leur déclin plus heureux que les jours les plus brillans de leur aurore. Des hommes aimables et éclairés formoient leur société, leur faisoient hommage de leurs lumieres, et recevoient d'elles les oracles du goût. Les traces de ces femmes, à qui les Français ont dû cette politesse ingénieuse et facile, cette tournure agréable et galante, qui les distinguoient de tous les Peuples du monde, ne sont ni pénibles ni difficiles à suivre. Mille autres ont autant d'esprit qu'elles en avoient, mais négligent de lui donner la culture nécessaire pour qu'il produise.

Ce ne sont pas les champs épineux des sciences que les Dames ont à défricher; charmer est leur devoir, comme il est leur destin : elles peuvent aisément le remplir, en suivant des routes semées de fleurs. Avec une méthode simple et sûre, de l'ordre et de la suite dans leur lecture, elles acquerront bientôt des connoissances agréables, étendues et variées; elles perfectionneront la finesse, la justesse du goût qui leur sont si naturelles, et apprendront à juger toujours avec sûreté.

C'est par une étude un peu aride qu'elles doivent commencer. Celle de leur propre langue est absolument nécessaire. Sans une élocution exacte et même élégante, les idées les plus délicates, les traits les plus heureux, perdent leur force, leur éclat, leur finesse et leur effet.

Nos grammaires françoises sont obscures, difficiles, embarrassées : la meilleure, parce qu'elle est la plus courte et la plus claire, est celle que l'Abbé de Condillac a faite pour l'éducation du Duc de Parme. On doit la préférer, si l'on ne prend pas le parti beaucoup plus sage de joindre l'étude d'une autre langue à celle de sa langue maternelle. Loin d'ajouter aux difficultés, ce sera trouver les moyens de les diminuer : les phrases qu'on entendra ne feront point illusion, et ne forceront point à croire qu'on saisit des régles abstraites, que souvent on ne conçoit qu'imparfaitement. D'ailleurs, l'attention sera soutenue par la nécessité des efforts, pour apprendre ce qu'on ne pourra se dissimuler qu'on ignore; et les progrès mieux marqués, animeront le désir d'en faire de nouveaux. On s'associe à l'auteur qu'on pénètre, et on lui trouve plus de mérite, par la raison seule qu'on jouit de celui d'avoir surmonté la difficulté de le comprendre.

La facilité, les grâces, l'harmonie et la douce mollesse de l'Italien, méritent qu'on le préfère au langage rude des Peuples du Nord, capable de rendre les grandes images et d'exprimer les idées fortes, mais non de nuancer les sentimens, et d'embellir, par la fraîcheur et par l'éclat du coloris, les pensées fines et délicates.

Les devoirs de l'homme envers Dieu, envers lui-même, envers les autres hommes, ne sauroient être trop médités; la femme qui pense se livrera à ces importans objets: mais, contente d'avoir des principes qui fixent son opinion et la soutiennent dans les orages des passions, elle ne se jettera point dans les labyrinthes de la théologie. Un Dieu, que toute la nature manifeste, que notre raison nous prouve, que notre cœur nous commande d'aimer, doit-il être l'éternel sujet des discussions des Théologiens et des Philosophes?

Une religion est sans doute nécessaire, puisqu'il n'est point de Peuple sans religion, puisque par-tout l'autel est la base d'un bon Gouvernement : elles émanent toutes d'une religion primitive, puisqu'elles ont toutes des objets de croyance communs. Qu'on parcoure le globe, et dans les lieux les plus distans les uns des autres, on retrouvera des dogmes, des mystères et des pratiques à-peu-près semblables ; preuve sensible que les hommes ont une même origine, et qu'ils ont suivi la même loi. Mais quand ils se sont multipliés et répandus sur la terre entière, mille révolutions ont rompu le fil des premieres idées ; et cette loi, dont le souvenir n'a été nulle part anéanti, a presque par-tout été altérée. Cependant partout la tradition en offre des traces ; et si l'on pouvoit remonter avec elle jusqu'aux premiers tems, on verroit que toutes les religions sont découlées d'une même source. Cette source féconde a fourni une multitude de fleuves, dont le limon de l'ignorance, de la superstition et des préjugés, a plus ou moins troublé les eaux. On doit chercher celui dont l'onde est demeurée la plus pure, et s'abandonner à son cours. Tout semble démontrer que le Christianisme, dont l'origine remonte à la création, et qui doit durer autant que

Dieu même, est le fleuve sur lequel nous devons naviger. Il n'est pas nécessaire de beaucoup de livres pour connoître ses principes et son esprit; et la bibliothèque religieuse d'une femme peut être bornée à un très-petit nombre de volumes.

Presque tous les Cathéchismes, réduits à la sécheresse des dogmes, exercent plutôt d'une maniere pénible la mémoire de l'enfance, qu'ils n'éclairent son esprit. Celui de Fleury, digne d'être lu avec soin, réunit l'histoire à l'instruction dogmatique: il soutient l'attention par l'autorité, par l'intérêt des faits, et détermine plus aisément et plus sûrement la croyance.

Plus une femme sera sensible, plus son esprit sera grand, plus la Bible aura pour elle d'attraits. C'est dans ce livre qu'on trouve ce que la simplicité a de plus aimable et de plus touchant; ce que la raison a de plus sage; ce que le sentiment a de plus onctueux; ce que l'éloquence a de plus fort et de plus élevé; ce que la poésie a de plus gracieux ou de plus sublime, et qu'on voit rassemblé dans un seul corps d'ouvrage, dont toutes les parties ont une liaison intime, des beautés bien supérieures à celles que les plus puissans génies ont semées dans les écrits que les hommes de tous les temps et de tous les siécles ont admirés.

L'Imitation de Jésus-Christ, dont Fontenelle a dit que c'étoit le plus bel ouvrage sorti de la main des hommes, puisque l'Evangile ne l'étoit pas, n'a pas besoin d'être lue par des Chrétiens convaincus, pour être regardée comme le livre le plus capable de pénétrer le cœur; il suffit d'être homme et sensible pour aimer un écrit rempli d'une onction si tendre.

Les Lettres spirituelles de Fénelon ont le même mérite : échappées de son ame douce, elles en ont le caractère; c'est à des femmes qu'elles sont presque toutes adressées. La maniere dont il leur développe la religion, la persuade en la faisant aimer.

Son traité de l'Existence de Dieu, sur-tout dans la premiere partie, joint à la force du raisonnement tous les charmes de l'éloquence; il tire ses preuves des beautés de la nature, de l'ordre de l'univers et du cœur même de l'homme. C'est en philosophe qu'il les établit, c'est en peintre qu'il les expose.

Mais le grand athlète du Christianisme, celui qu'on ne peut vaincre ni même ébranler, c'est Pascal. Il tient l'homme en sa puissance; tantôt il l'éleve aux célestes régions, et tantôt il le plonge dans l'abîme de sa propre misere.

On n'a de lui que quelques pensées sur la morale et la religion ; et ces pensées, qui n'étoient pour lui que des matériaux imparfaits d'un très-grand ouvrage, nous présentent les traces du génie le plus vaste et le plus puissant : si elles ne renferment pas des vérités importantes, il n'est point de vérités pour la terre.

Quand une femme ne voudroit que passer des heures délicieuses en jouissant d'un plaisir pur, elle devroit lire les sermons de Massillon. Pour cet Orateur, le cœur humain n'a point de voiles ; il semble que la nature l'ait formé pour être le confident universel, et lui ait accordé, avec toutes les graces de la parole, le don heureux de pénétrer dans l'ame par le sentiment.

Une éloquence d'un autre genre, moins soutenue, souvent plus forte, quelquefois plus étonnante que celle de Massillon, met l'Abbé Poule au rang des premiers Prédicateurs. Son sermon sur la Foi, celui sur la parole de Dieu, ont un vague sublime, qui leur donne un effet surprenant. Il en a deux sur l'Aumône, où les droits des pauvres sont si bien établis, que les riches les plus impitoyables sont contraints de les reconnoître, et de laisser couler des larmes sur les infortunés. Deux petits volumes, qui forment la collection des Sermons de l'Abbé Poule, font regretter qu'elle n'ait pas plus d'étendue. Cependant, peut-être s'il eût écrit davantage, il eût moins fait pour sa gloire.

Les Oraisons Funebres de Bossuet, où le langage humain s'éleve à une si étonnante hauteur, où la religion parle avec tant de force et de magnificence, où, malgré l'inégalité du style, l'éloquence est si puissante, seront souvent lues par les femmes, dont l'esprit est assez juste, dont l'ame est assez forte pour préférer les beautés mâles et sublimes d'un génie vigoureux, aux compositions brillantes et froides du bel esprit.

Mais comme la raison n'exclut aucun genre, elle ne rejettera pas les beaux discours de Fléchier. Son langage soigné, pur, harmonieux, aura des charmes pour elle; elle sentira le mérite d'une diction riche et soutenue, d'une élégance continuelle, de pensées presque toujours justes, quoique presque toujours ingénieuses: elle aimera cet ordre, qui met chaque beauté à sa place, et donne à chaque partie de l'éclat, sans nuire à la perfection de l'ensemble. Son goût lui fera juger que l'éloquence de Fléchier, moins grande, moins entraînante, moins naturelle que celle de Bossuet, n'a pas autant d'empire. Elle reviendra cependant à cet Orateur, comme, après avoir long-tems erré sur les bords d'un fleuve impétueux qui traverse une forêt majestueuse et sauvage, on se plaît à revenir sur la rive tranquille d'une riviere qui coule lentement au milieu d'une belle prairie, ou parmi des arbustes couverts de fleurs.

Ce petit nombre d'ouvrages semble devoir suffire pour former la collection des livres religieux, nécessaires à une femme : peut-être ne doit-elle pas y en joindre qui ne serviroient qu'à porter le doute et le trouble dans son ame. Pourquoi ôter de leur force à des vérités, qui même, quand elles ne seroient que des opinions, uniroient encore le ciel à la terre ?

Les ouvrages de morale bien faits sont peu nombreux. A peine en trouve-t-on dix ou douze dont la lecture soit vraiment utile. Les autres, médiocres ou mauvais, sans rien apprendre, donneroient seulement beaucoup d'ennui. Pour que la morale charme et touche, il faut qu'elle soit en action : c'est ainsi qu'on la trouve dans quelques Romans parfaits, dans quelques bonnes Tragédies, et dans quelques Comédies excellentes. Une femme sensée aura bien raison de mépriser cette foule de productions lourdes et froides, plutôt capables de la plonger dans le sommeil, que de la conduire à la vertu : elle peut se contenter de lire souvent les Offices de Cicéron ; les Caracteres de la Bruyere; la Connoissance de l'Esprit Humain, par le Marquis de Vauvenargues ; ouvrage bien plus profond, bien plus philosophique que la Satyre de l'homme, mise en maximes, par le Duc de la Rochefoucault : le Spectateur Anglois; le livre de Montagne, où l'homme *ondoyant et divers* est peint avec tant de naturel, de graces et de vérité.

Cette mine ouverte tant de fois, et jamais fouillée dans toute sa profondeur, l'homme est enfin creusé par un Philosophe, qui, en même tems, est un grand Poëte. Pope le suit, le pénètre, et ne lui laisse plus aucune obscurité ; il découvre tous ses rapports, et fait connoître tous les devoirs qui, par ses rapports mêmes, lui sont imposés : s'il le peint dans toute sa foiblesse, il le peint aussi dans toute sa dignité ; et jamais la poésie ne para de couleurs plus riches et plus variées une morale plus sublime. Pope, qui, dans une langue forte, abondante, mais rude, avoit su embellir Homère, méritoit d'être embelli à son tour. Son nouveau Traducteur (*), sans affoiblir aucune de ses innombrables beautés,

(*) M. de Fontanes.

lui a donné des beautés qu'il n'avoit pas, et, dans un discours préliminaire, pensé avec force, écrit avec la supériorité d'un talent rare, il a développé, éclairci les principes quelquefois un peu embarrassés, de son magnifique systême.

L'Histoire, qui fait revivre tous les siécles, qui nous présente le spectacle successif des vicissitudes, qui si souvent ont changé la face du monde, mérite bien d'occuper une partie des loisirs d'une femme qui veut s'instruire : quelques jours lui suffiront pour planer sur les ruines des empires. Elle apprendra à connoître l'homme dans ce mélange de crimes et de vertus, dont le tableau lui sera souvent retracé. Si son cœur s'afflige en voyant de quels forfaits il est capable, il sera consolé, en trouvant quelquefois des ames sublimes et tendres, qui semblent n'avoir existé que pour la gloire et le bonheur de l'humanité ; elle verra que ce sont des femmes qui ont dirigé les mœurs dans tous les empires, et que c'est, lorsqu'elles abandonnent elles-mêmes la décence et la vertu, que les hommes se livrent aux plus coupables excès.

Avec de grands tableaux, l'Histoire lui offrira de grands exemples; mais si c'est au hasard qu'elle lit, les faits ne formeront dans sa mémoire qu'un cahos, dont la seule confusion sortira. Il est nécessaire qu'elle mette de la méthode dans ses lectures. La plus simple, la plus naturelle doit être préférée ; c'est l'ordre chronologique qu'elle adoptera.

L'histoire des Juifs, qui remonte jusqu'à la création, est la premiere qu'il faut lire : celle de Josephe, traduite par Arnaud, respectable par son impartialité, a moins d'intérêt, de graces, de style, que celle du Peuple de Dieu, par le Pere] Berruyer. La critique reproche à celle-ci un grand nombre de défauts ; mais ces défauts ont des charmes et se font pardonner.

A la lecture de l'histoire des Juifs, celle de l'Histoire ancienne doit succéder. Quoique foible, la maniere dont Rollin l'a écrite a de la grace : il cause avec ses lecteurs ; jamais ne les fatigue, et toujours les intéresse. Il ne donne pas à ses tableaux un grand effet ; son dessin n'est pas fier, son coloris n'est pas vigoureux, mais il a de la douceur et de la simplicité. Son plan a le mérite très-rare de se faire saisir avec une grande facilité : les Peuples marchent de front, jusqu'à ce que, engloutis par la Puissance Romaine, ils éprouvent le sort des fleuves, qui vont se perdre dans l'immensité de l'Océan.

Rollin manquoit de l'énergie nécessaire pour

être l'Historien d'une troupe de brigands, dont bientôt les descendans devinrent les maîtres de la terre. Le génie anglois a peint à grands traits un Peuple dont le nom en imposera jusqu'à la destruction de l'univers. Laurent Echard a écrit son histoire comme elle devoit l'être. Pour celle des Empereurs, il faut bien avoir recours à celle de M. Crevier, auteur lourd et froid, mais exact et sage.

M. le Beau, avec plus de difficultés à vaincre, lui est bien supérieur par la sûreté de la critique, le style et les réflexions. Il a fait un ouvrage très-estimable et nécessaire de l'histoire du Bas-Empire.

Après avoir vu les anciens Peuples dans leurs Histoires générales, il est important de connoître leurs grands Hommes, et de lire leurs vies particulieres. Celle des Hommes illustres de Plutarque sont des modeles qu'on n'a pas encore égalés : la nature s'y montre avec toute sa naïveté. Si Caton, Alcibiade, Sertorius renaissoient, on les reconnoîtroit avec facilité : il est fâcheux que la charmante traduction d'Amiot soit dans un langage trop vieilli pour qu'une femme le puisse entendre bien aisément. Jamais Traducteur n'eut un style plus fait pour donner l'idée parfaite de celui de l'Auteur qu'il fait passer dans sa langue. Le pesant Dacier est loin d'avoir le même mérite; mais il faut bien s'en contenter. (*)

Le Quinte-Curce de Vaugelas, les douze Césars de Suétone, les Vies d'Agricola, de Julien, de Jovien, de Théodose, etc. apprendront à mieux connoître le caractère et les mœurs des Peuples anciens. Il est surtout deux ouvrages, qu'on lira avec un plaisir extrême et une grande utilité : les Révolutions romaines, par l'Abbé de Vertot, et les Causes de la Grandeur et de la Décadence des Romains, par Montesquieu.

Peut-être faudroit-il, avant d'étudier l'Histoire des Peuples modernes, donner à l'Histoire Ecclésiastique quelques instans. Nécessairement liée à celle des Empires, il paroît qu'on doit les faire marcher de front. Les mêmes événemens se gravent mieux dans la mémoire, offerts sous des aspects différens, et font juger plus sûrement de l'esprit qui les a dirigés.

Le judicieux Fleury, devenu immortel par son immense ouvrage, malgré le nombre des volumes, ne doit pas effrayer : il est long,

(*) Une nouvelle traduction des Hommes illustres, par M. Dominique Ricard, et publiée depuis la première édition du Plan de lecture, a tout le mérite qu'on peut désirer ; elle donne à Plutarque un interprête digne de lui.

parce qu'il veut parfaitement instruire, et parce que son sujet est trop important pour qu'il puisse le traiter avec légéreté. Si cependant on veut se borner à une connoissance beaucoup plus superficielle de l'Histoire Ecclésiastique, on se contentera de celle de l'Abbé de Choisi, qui est beaucoup plus abrégée : le style en est inégal et peu convenable à la majesté d'une pareille histoire. On s'arrêtera, dans celle de l'Eglise, aux tems où les Romains confondus avec les autres Peuples, ne formèrent plus d'Empire, pour la reprendre lorsqu'on aura lu les Historiens des Peuples nouveaux. Nous avons dit plus haut la raison qui doit engager à suivre cette marche, plus utile encore quand on s'occupe à connoître les tems modernes, où les intérêts sont d'autant plus compliqués, que les Peuples se sont divisés davantage.

C'est surtout l'histoire de sa propre nation qu'une Françoise doit s'attacher à bien connoître : comment ne l'intéresseroit-elle pas ! A chaque page elle y verra l'influence de son sexe et la galanterie du nôtre. Cependant les commencemens de nos Annales lui paroîtront bien secs et bien barbares : tout y est obscur, et n'offre que des mœurs qui n'ont pas même la simplicité de celles des Sauvages ; des crimes

sans

sans génie, des guerres sans justice, des combats sans ordre et sans intelligence, et des cruautés sans motifs; voilà presque tous les tableaux que présentent les fastes de la premiere race de nos Rois. Que dire d'une nation plongée dans l'ignorance, livrée à la superstition, et qui pourtant s'abandonne à tous les déréglemens! Mais la seconde dynastie commence par un homme, à qui, pour être véritablement grand, il n'a manqué que de naître dans des tems de lumières. Plus étonnant que ce Czar, si justement vanté, il a plus fait que lui dans un siécle qui ne lui présentoit aucune ressource.

C'est seulement au régne de Charlemagne que commence à se répandre quelque intérêt sur notre histoire : cependant on ne peut pas s'empêcher de remonter à l'origine de la Monarchie; mais il seroit cruel de conseiller à une jeune Dame la lecture de ce Daniel, si lent, si diffus, si partial; et même de Mézerai, si aride, quoique si loin d'être concis. L'Abbé Velli, pur, ingénieux et froid dans son style, répand quelques lueurs au milieu des ténèbres des premiers régnes : il a le mérite de ne pas se borner à raconter les actions des Rois, il sent que la nation n'est pas toute entiere dans la personne du Prince qui la gouverne. Il décrit les guerres, les siéges, les batailles; mais avec briéveté, et s'attache à peindre les mœurs et faire connoître les usages: il fixe les époques. des inventions, montre les progrès des arts, et suit la marche de l'esprit et les progrès de la raison. Quoique d'un crayon foible, il trace le tableau d'un grand Peuple, et non pas seulement les portraits des Rois et de leurs Courtisans. Ses successeurs ont adopté son plan, et sont très-préférables à nos autres Historiens.

Après avoir lu leur ouvrage, il sera utile de lire les bons Mémoires et les Vies des Hommes fameux que la France a produits. Les écrits de ce genre, plus rapprochés du ton facile de la conversation, plaisent davantage que les histoires générales, et instruisent mieux. Les meilleurs sont trop connus pour qu'il soit besoin de les indiquer.

Nos rapports et nos éternelles querelles avec les Anglois, leurs arts, leurs sciences, la beauté de leur gouvernement, la singularité de leur caractère, la haîne dont ils nous honorent, nous forcent à ne pas ignorer leurs fastes. C'est dans les livres immortels de Hume qu'il faut les étudier: c'est lui qui sait donner le plus grand charme à la lecture de l'Histoire, par la simplicité de ses plans, par sa clarté, par ses vues philosophiques, et par le grand intérêt qu'il a l'art de répandre dans ses récits. Il a eu le bonheur, peu commun, de trouver en France des Traducteurs dignes de lui, et peut-être même d'avoir été embelli, lorsqu'une femme l'a fait passer dans notre langue (*).

Les singulieres révolutions de l'Espagne, son grand éclat pendant plusieurs siécles, l'influence que les Maures ont eu sur elle, ce mélange de galanterie ingénieuse et romanesque, de fierté chevaleresque et de dévotion, qui, pendant long-tems, a formé son caractère; la conquête du Nouveau monde, commencée par elle, demandent qu'on connoisse un Peuple dégénéré depuis un siécle, non parce qu'il a été corrompu par les vices que les richesses et la prospérité amenent, mais parce qu'il est resté dans une ignorance profonde, tandis que les autres nations ont acquis des lumieres et perfectionné tous les arts.

M. Des Ormeaux a fait une très-bonne histoire d'Espagne: elle n'a que cinq volumes, mais qui suffisent pour donner une juste idée de cette monarchie.

(*) Une partie de l'Hiſtoire d'Angleterre de Hume a été traduite par l'Abbé Prévôt, & l'autre par Madame la Préſidente de Mézieres.

Le régne de Charles-Quint est sa plus brillante époque; et ce régne est décrit par un Historien sage, méthodique, intéressant et philosophe, par M. Robertson. Son discours préliminaire, l'un des plus beaux morceaux qui existent dans aucune langue, débrouille le cahos de ce régime féodal si embarrassé, si obscur, que Montesquieu lui-même ne l'avoit pas tout-à-fait éclairci. M. Robertson n'a rien perdu dans son estimable Traducteur.

La brillante Italie, le théâtre de tant de guerres, pendant si long-tems le foyer des plus importantes négociations, la nouvelle patrie des arts, cette contrée où le génie, les vices et les vertus ont germé avec plus de force qu'ailleurs, qui a produit tant d'hommes fameux, et qui enfin a répandu la lumiere sur toute l'Europe; l'Italie, divisée en une multitude d'Etats, est bien digne d'une étude particuliere. Ses Historiens sont nombreux, ils ont de la force, de la profondeur, de la sagacité, et souvent un grand caractère: plusieurs ont servi de modèle.

L'Allemagne, partagée comme l'Italie, en Souverainetés différentes, mais unies par un Chef et des intérêts communs, n'offre, pendant une longue suite d'années, que des divisions intestines, des chocs de prétentions entre de petits Princes; des guerres longues et sanglantes; des paix incertaines, et des événemens qui n'attachent que foiblement. Cependant son Histoire, liée à celle de tous les Peuples de l'Europe, est nécessaire à connoître. Il faut lire les Mémoires de Brandebourg, ouvrage bien fait, quoïque de la main d'un Roi. Il faut lire sur-tout l'excellente Histoire du Traité de Westphalie, par le Pere Bougeant: il est la base sur laquelle reposent tous les intérêts des nations.

Les Peuples du Nord méritent bien de piquer notre curiosité. Un climat plus âpre y donne aux hommes plus d'énergie: il a produit quelques philosophes et une foule de héros. Les événemens y prennent la teinte d'un caractère plus profond: les mœurs y conservent une force que les nôtres n'ont plus: chaque Etat y est régi par un esprit différent.

En Pologne, un Roi sans autorité, des nobles tout-puissans, mais sans liens entre eux; un peuple esclave, forment la plus monstrueuse République. On ne conçoit pas comment un Gouvernement aussi vicieux a pu subsister pendant un si grand nombre de siécles; et son démembrement, opéré sans peine, n'a d'étonnant que l'union des Puissances qui ont partagé ses dépouilles, et la foiblesse des Etats qui ont souffert ce partage.

L'Abbé Des Fontaines a essayé l'Histoire des Révolutions de Pologne, qu'il étoit réservé à un plus grand maître d'écrire. L'Abbé Coyer a donné celle de Sobieski, plus grand homme dans les camps, qu'il ne l'étoit dans son palais.

La Suède, essentiellement Monarchie parfaite, a toujours eu le droit d'opposer les vœux de son peuple aux volontés de son Roi : tous les ordres y doivent être consultés. L'ordre même des paysans a une voix qu'on écoute et qu'on respecte. Quelquefois par la foiblesse des Monarques, plus souvent par leur despotisme, l'équilibre, qui fait le bonheur des Empires, s'y est trouvé rompu : mais un nouveau Gustave, plus grand encore que ceux qui l'ont précédé, puisqu'il réunit et fortifie tous les ressorts d'un bon Gouvernement ; qu'il sait être Roi, en réprimant la licence, sans détruire la liberté, par des principes sûrs, par des réglemens sages, par la suprême puissance de la prudence et du génie unis à l'autorité, donne à sa patrie, sans le secours des richesses, une constitution vigoureuse et forte, qui lui assure le respect de l'Europe et une solide prospérité.

Les Révolutions de Suède, par l'Abbé de Vertot, sont dignes de cet excellent Ecrivain.

L'Alexandre du Nord, moins grand, moins heureux que celui de la Macédoine, a un

Historien bien supérieur à Quinte-Curce. La Vie de Charles XII, écrite par Voltaire, est un de ces chefs-d'œuvres qui immortalisent le peintre et le héros.

Tantôt régi par des monstres, tantôt par des Princes foibles, quelquefois dans l'anarchie, et presque toujours dans l'agitation, le Danemarck, conquérant, envahi, et souvent déchiré de ses propres mains, présente des mœurs barbares et des tableaux sanglans : c'étoit à lui qu'il étoit réservé de donner le spectacle unique d'un Peuple qui se réunit pour renoncer entiérement à sa liberté ; qui par un vœu général et formel, établit la tyrannie, et cherche le repos de la mort, sous des maîtres assez malheureux pour commander à des hommes qui ont voulu n'être que des esclaves.

Les fastes de la Russie, obscurs et sans intérêt, comme ceux de toutes les nations ignorantes et barbares, brillent enfin du plus grand éclat. Guerrier, Législateur, Politique, un seul homme crée un Peuple : un Empire formidable s'éleve, et l'Europe étonnée, est forcée de changer de systême, et de l'unir à tous ses intérêts.

Quel tableau superbe à tracer ! Voltaire l'a essayé ; mais quand il a voulu peindre le Czar, il n'a plus retrouvé les crayons qui avoient si parfaitement dessiné Charles XII et Louis XIV. Son ouvrage cependant est rempli de vues saines, philosophiques et profondes, et de ces traits qui font reconnoître la main du maître.

Un des plus vigoureux tableaux qu'ait jamais tracé l'Histoire, est celui de la derniere Révolution de Russie : mais son auteur a connu le danger de parler avec vérité des héros qui vivent; et ce sublime morceau, qui, peut-être n'aura jamais de pendant, reste dans un porte-feuille, jusqu'à ce que le tems permette de l'abandonner à l'admiration universelle. (*)

On vient de traduire, de l'Anglois, une histoire des Gouvernemens du Nord. Ce livre, en quatre volumes, écrit peu agréablement, renferme tout ce qu'il est important de savoir sur cette partie de l'Europe.

L'Amérique, devenue le domaine des Européens, souvent l'occasion & le théâtre de leurs guerres, l'une des plus fécondes sources de leur commerce & de leur luxe, doit arrêter les regards d'une femme qui réfléchit. Le monde, complété par sa découverte, est le plus beau

(*) Depuis la premiere édition de cet ouvrage, l'Hiſtoire ou Anecdotes ſur la derniere Révolution de Ruſſie, en 1762, a été publiée ; ſon ſuccès a pleinement juſtifié le jugement qu'en portoit l'auteur.

spectacle dont l'esprit puisse jouir. Depuis cette époque, les idées sont plus nombreuses, plus vastes; les bornes de toutes les sciences et de tous les arts se sont reculées, et avec l'espace la pensée s'est agrandie.

Le premier des Historiens modernes, M. Robertson, a été celui de l'Amérique. Peut-être pouvoit-on attendre de ses rares talens un plus bel ouvrage encore: cependant on ne peut lui accorder trop d'attention. Il donne la connoissance sûre de ce qu'étoit cette immense contrée, lorsqu'on en fit la découverte, et de ce qu'elle est devenue depuis.

A cette histoire, on doit faire succéder celle de l'Etablissement des Européens dans les deux Indes. Ce livre, plein de génie, de hardiesse, de profondeur, d'un coloris inégal & brillant, semble avoir été écrit par un homme à la fois Orateur, Philosophe, Poëte & Prophête. Malgré son mérite singulier, il est trop systématique pour être toujours sans erreurs, et trop en opposition avec toutes les idées Religieuses, pour être toujours vraiment sage. Ce n'est pas sans précaution qu'on doit le lire, et sans penser souvent qu'on a besoin de se défendre contre la séduction.

L'Histoire de la Nouvelle France et celle du Paraguai, par le Pere de Charles-Voix, n'exigent pas qu'on prenne le même soin ; c'est dans le sujet même qu'est le principal mérite de ces deux ouvrages. On y voit avec un grand intérêt les mœurs des hommes, encore dans l'état de nature, opposées à celles des Peuples, qui, depuis une longue suite de siécles, sont réunis en sociétés. La civilisation du Paraguai offre le tableau le plus touchant : c'est celui d'une multitude de familles, auparavant éparses, rassemblées par des sages, et devenues heureuses sous des loix qui les forcent à trouver l'abondance, en renonçant à toute propriété ; qui leur ôtent le pouvoir d'être criminels, leur inspirent le courage ; les soumettent à la discipline des guerriers, en leur laissant la douceur et l'innocence des bergers.

Les Voyages de l'Amiral Anson, de M. de Bougainville, du Capitaine Cook, acheveront de faire parfaitement connoître les Peuples du Nouveau Monde.

On aura une idée étendue et juste de l'Histoire de l'univers, si l'on termine les lectures que nous avons indiquées par l'Histoire Universelle de Bossuet et celle de Voltaire, dont le plan est le plus beau, le plus heureux qu'aucun Ecrivain ait jamais tracé, et dont l'exécution brillante forceroit à toujours admirer cet étonnant écrit ; à le lire avec un ravissement continuel, si l'auteur, entraîné par l'esprit de système, et emporté par sa haîne contre tous les principes religieux, n'avoit pas trop souvent altéré les faits pour les rendre favorables à ses opinions: il rassemble sans confusion tous les Peuples dans le même tableau, fait aisément saisir leurs intérêts divers, découvre à-la-fois tous les ressorts qui font mouvoir les Empires, et raconte moins les actions qu'il ne les montre; les personnages agissent, se dévoilent eux-mêmes. On ne lit plus; mais, comme sur la scène, on voit les acteurs en mouvement: l'esprit, les mœurs, les usages, les progrès de chaque siécle, il les peint de manière à nous les faire mieux connoître, que nous ne connoissons ce qui se passe sous nos yeux.

La critique a voulu reprocher des défauts à ce superbe ouvrage: le goût moins sévère et plus juste, les pardonne en faveur de leurs charmes, et même a de la peine à se défendre de les aimer. Cependant on s'afflige que le dépôt le plus intéressant des actions des hommes ne soit pas aussi le plus fidèle, et que du flambeau le plus éclatant ne sortent pas aussi les plus sûres lumières.

Sans un grand travail et toujours soutenu par l'intérêt des objets importans, une femme, capable de donner de la suite à ses occupations, parviendra bientôt à connoître le monde, depuis son origine jusqu'à nos jours. La méthode simple et facile que nous lui présentons, en enchaînant les faits dans l'ordre le plus naturel, celui des tems, lui rendra l'étude de l'Histoire peu pénible et plus agréable; et cette étude suppléera à l'expérience que la jeunesse ne lui a pas permis d'acquérir. L'homme, dévoilé à ses yeux, l'étonnera quelquefois par la sublimité à laquelle il s'éleve, et plus souvent l'étonnera davantage encore par son inconséquence, sa foiblesse et l'inertie dans laquelle il reste. C'est dans l'Histoire qu'elle verra le jeu et les effets des passions; qu'elle apprendra à quel degré de force et de prospérité un seul individu fait quelquefois parvenir un Empire, et dans quel abîme de corruption et d'avilissement les Peuples peuvent être plongés par les Ministres et les Rois. Elle suivra les progrès et la décadence des nations: tous les âges seront présens à ses yeux; chaque événement sera pour elle une instruction, et croyant seulement satisfaire sa curiosité, elle fera le cours de morale le plus complet et le plus utile. Enfin, sans quitter son cabinet paisible, elle sera avec les hommes de tous les siécles, de tous les lieux, et tiendra l'univers dans sa pensée.

Par leur sensibilité, par la finesse, la sûreté

de leur tact, par l'extrême mobilité de leurs fibres, les femmes qui saisissent si facilement les traits les plus délicats et les nuances les plus imperceptibles, doivent être et sont en effet les juges suprêmes des beaux arts : mais pour toujours juger sainement, les dons qu'elles ont reçus de la nature ne suffisent pas, il faut encore qu'elles acquiérent la connoissance des principes et des régles de ces arts, qu'elles sont faites pour éclairer.

Le cours de Littérature de l'Abbé Le-Batteux leur donnera toute l'instruction nécessaire, sans faire éprouver l'ennui, qui trop souvent accompagne les préceptes. Quoique didactique, ce livre n'est pas sec : tous les genres y sont traités d'une manière claire et avec intérêt; les exemples bien choisis, ceux sur-tout qui sont tirés des Auteurs Grecs, conservent, dans la traduction, cette fraîcheur, cette simplicité, cette grace antique qu'on retrouve trop rarement dans les écrits modernes, et dont le charmant roman de Galatée vient de nous offrir un modèle.

La Poétique de M. Marmontel, malgré les observations de la critique, est le meilleur ouvrage que nous ayons en ce genre. Elle ne fait pas des Poëtes; mais elle apprend à les lire, à les juger, à bien sentir les beautés et les effets produits par un art qui ravit les imaginations vives ; et qui charme et console les ames tendres.

Les réflexions de l'Abbé du Bos sur la poésie, la peinture et la sculpture, sont faites par un Philosophe qui a su remonter aux principes de tous les arts, et découvrir la source de nos plaisirs les plus doux et les plus purs. Son ouvrage, excellent pour le tems où il a été écrit, eût été meilleur encore s'il eût été composé quarante ans plus tard. A ses propres idées, qui sont toujours ingénieuses et saines, il auroit joint celle des bons Ecrivains qui sont venus après lui; il eût profité des vues de La-Motte, de Fontenelle et de Voltaire, qui ont eux-mêmes beaucoup profité des siennes: il n'a point écrit comme un pédant qui enseigne, mais comme un homme de beaucoup d'esprit, qui a observé, médité, approfondi, qui veut toujours instruire, mais en songeant toujours à plaire. Il a le talent de ne fatiguer jamais l'attention, et de la ranimer souvent par des traits agréables et des anecdotes piquantes.

A l'étude de ces livres élémentaires, une femme ne peut gueres se dispenser de joindre, au moins, une légère connoissance des brillantes fictions de la Mythologie. Les Peintres, les Poëtes, les Sculpteurs lui parleroient trop souvent une langue incompréhensible, si les Dieux de l'Olympe et les Héros de la Fable lui étoient absolument étrangers. Il faut bien que dans son propre portrait, elle reconnoisse Vénus, la jeune Hébé, la riante Flore, et que Polymnie, Terpsicore, les Nymphes, les Graces et toutes les aimables Déités, à qui si souvent elle sera comparée, ne soient pas ignorées d'elles.

Le traité de Mythologie le plus complet est celui de l'Abbé Bannier: il prétend, et ce systême ne lui est pas particulier, que les fables sont des allégories qui voilent et embellissent d'importantes vérités, dont les hommes ont perdu la trace, lorsque, multipliées à l'infini, ils n'ont plus communiqué avec le peuple choisi. En effet, la mythologie, a comme la Genèse, un cahos, une création, un déluge, un enfer; et plusieurs de ses Dieux ont tant de ressemblance avec les Patriarches et les plus anciens Chefs des Hébreux, qu'il est difficile de ne pas reconnoître dans l'Histoire Sacrée, la source qui a produit les antiques fables. D'ailleurs, le long séjour des Juifs parmi les Egyptiens, chez qui toutes les autres nations ont puisé leur instruction, donne une grande vraisemblance à cette conjecture.

C'est dans les Métamorphoses d'Ovide que les riantes chimères des Egyptiens et des Grecs sont parées des plus brillantes couleurs de la poésie. Dans ce poëme, où l'esprit a répandu toute sa fleur et trop prodigué ses traits, par un fil imperceptible, mais jamais interrompu, se trouvent réunies cette foule de fables sans rapports apparens, et se forme le systême complet de la mythologie.

Les beautés étincellantes, les ornemens trop multipliés et peu naturels, la recherche dans les idées, l'affectation dans le style, et la maniere toujours fine ou toujours éclatante d'Ovide, semblent le rendre bien plus facile à traduire que Virgile, qui, dans un sujet rebelle, a tiré toutes ses ressources de son propre génie; que jamais la sagesse n'abandonne, dont l'harmonie varie sans cesse et se soutient toujours, qui, par une science profonde du méchanisme des vers, dérobe entiérement les secrets de sa composition; qui, sans laisser pénétrer ses moyens, prépare et enfante ses prodiges; qui répand les graces et l'intérêt sur l'aridité des préceptes, et qui enfin ne s'éloigne jamais de la perfection: cependant l'auteur des Géorgiques, malgré l'extrême difficulté qu'il y avoit à faire passer ses beautés dans une langue délicate et souvent même dédaigneuse, a trouvé un Traducteur qui lui donne en France autant d'admirateurs qu'il en eût dans l'Empire de l'ancienne Rome : et l'auteur des Métamorphoses, avec un sujet enchanteur, des images riantes, gracieuses, douces et brillantes qui se succèdent sans cesse, des défauts ingénieux, un esprit qui toujours étincelle, Ovide attend encore un interprête chez les Français. Si un Poëte pouvoit se traduire en prose, M. de Fontenelle eût été le sien.

C'est bien moins en multipliant ses lectures, qu'en les faisant avec ordre et avec choix, qu'on parvient à s'instruire d'une maniere agréable et sûre. Les ouvrages que nous avons proposé sont peu nombreux ; et cependant la femme qui les lira avec quelqu'attention, en passant des heures occupées et douces, apprendra facilement tout ce qu'il lui est important de savoir : ses jugemens seront plus certains, sa conversation plus intéressante ; elle-même sera plus aimable dans la société, y portera, y trouvera plus de charmes ; et dans la retraite, elle n'éprouvera jamais le plus cruel des maux, l'ennui.

Pour la faire jouir de toutes les richesses de l'imagination, pour élever, échauffer, émouvoir, attendrir son ame, la poésie lui offre ses heureuses productions : son langage enchanteur ou sublime, est celui dont tous les peuples se sont servis pour parler à la Divinité, et celui que les hommes ont dû supposer que parloient les Dieux. Quelle perfection n'exige-t-il pas! Ce qui fait le mérite principal des autres arts n'est qu'une partie du mérite de la poésie. Comme la musique, elle doit avoir une harmonie toujours variée et toujours soutenue; ne jamais négliger de charmer l'oreille, lors même qu'elle semble seulement occupée à parler à l'esprit. Sans avoir les couleurs matérielles de la peinture, elle trace les tableaux les plus vigoureux ou les plus doux.

Les compositions si fieres de Michel-Ange et du Carrache; les plus aimables peintures du Guide; les paysages les plus riches et les plus frais du Lorrain, rendent les objets avec moins de force, de grace, d'énergie et d'intérêt, que les vers du Dante, de Milton, de Racine et du Chantre des Saisons. Par la terrible magie de leur style, Milton et le Dante ne nous ouvrent-ils pas les abîmes des enfers! Ne nous en montrent-ils pas les épouvantables scènes! Et Racine et M. de Saint-Lambert ne font-ils pas davantage encore! Dans les vers les plus harmonieux et les plus naturels, les plus forts, les plus doux et les plus sublimes, l'un ne nous peint-il pas l'homme avec tout son mélange de passions, de sentimens, de foiblesses, de vices et de vertus! et par le charme, par la vérité de ses portraits, ne nous force-t-il pas à nous attendrir, en nous forçant à nous reconnoître! Et l'autre, avec toutes ses variations, tous ses phénomènes, tous ses puissans effets sur notre ame, ne met-il pas la nature sous nos yeux! Mais la nature, devenue plus grande, plus fraîche, plus touchante et plus belle par son coloris enchanteur. L'éloquence n'a pas de mouvemens qui soient étrangers à la poésie : soumise, comme la prose, aux régles austères de la Grammaire, elle est encore captivée par la gêne de la mesure et de la rime, et ne peut cependant plaire sans avoir toutes les graces de la liberté. On ne lui permet pas un vers foible, dur, obscur ou peu naturel : on l'a rendue le plus difficile des arts, non pour l'assujettir inutilement à une vaine contrainte, mais pour lui donner tous les moyens de charmer.

Avant que de lire les Poëtes dramatiques, peut-être faudroit-il voir représenter leurs plus belles pièces. Faites pour parler avec force à notre ame, elles ont besoin de l'illusion théatrale pour produire tout leur effet. Dans un cabinet solitaire, Andromaque et Zaïre ne nous feroient pas autant verser de larmes ; Rodogune, Rhadamiste et Warvic porteroient moins de trouble dans notre ame ; Arnolphe, Harpagon et Francaleu nous paroîtroient moins fortement comiques, si l'impression que ces chefs-d'œuvres nous ont faite sur la scène ne se retraçoit pas à nous quand nous les lisons. Après les avoir vu jouer, nous éprouvons à la lecture un plaisir nouveau : nous nous rappellons le jeu des Acteurs, mais il ne nous trompe plus ; nous découvrons les défauts de l'ouvrage, aucune de ses beautés ne nous échappe ; nous examinons chaque scène, chaque vers, et nous admirons sans être séduits.

Nos Auteurs dramatiques sont si généralement connus, et jugés d'une maniere si certaine, qu'il seroit bien superflu de rappeller ici leurs ouvrages : il en est de même du petit nombre d'excellens Poëtes que nous avons dans les autres genres. Il n'est point de femme qui ne connoisse, au moins, leur réputation, et qui ne sache qu'elle doit lire et relire cent fois ce bon La Fontaine, que, dans son enfance, on l'a mal adroitement forcée d'apprendre par cœur (*).

(*) Rousseau avoit raifon. Les fables de La Fontaine ne doivent pas être le livre des enfans, qui ne les en-

Il est un autre genre d'ouvrages, qu'une sévérité trop rigoureuse interdit aux femmes, et qu'une trop grande frivolité fait préférer à tous les autres par plusieurs d'entre elles : ce sont les romans. Cette sorte d'écrits, dont la licence a trop abusé, dont la médiocrité s'est emparée trop souvent; mais dont aussi le génie s'est quelquefois servi pour peindre, corriger les mœurs, et donner de grandes leçons, ne doit pas être la seule lecture d'une femme raisonnable; mais par un scrupule mal entendu, elle ne doit pas entiérement l'exclure. Puisque Fénelon, Rousseau, Fielding, Richardson ont écrit des romans, le goût le plus délicat et la sagesse la plus timide, ne craindront pas d'en lire; mais il faut se borner à un petit nombre.

L'heureuse imagination de Fénelon a produit le plus parfait de tous. Il a su réunir dans son Télémaque les beautés des deux plus grands Poëtes de l'antiquité; sa prose a la riche simplicité de la poésie d'Homère, avec la correction, l'harmonie, la parure et les graces de Virgile. Ce chef-d'œuvre, sans modele et sans

---

tendent pas, mais bien le manuel des hommes faits et des gens de goût. Avec un passage de La Fontaine, il n'est rien à quoi l'on ne puisse répondre.

imitateur, forme à lui seul une classe à part.

Les ouvrages des Lafayette, des Tencin, des Grafigni, et de Madame Riccoboni, offrent des tableaux où les graces se réunissent au sentiment. Ils attachent par un intérêt vif, par des situations touchantes, par la peinture, non toujours forte, mais presque toujours vraie des caractères, et plaisent par la facilité, l'agrément et la pureté du langage.

Dans les sujets qui, sur-tout, demandent de la finesse dans les pensées, de la fraîcheur dans le coloris, de la douceur, de la délicatesse et du naturel dans l'expression, et qui permettent cette heureuse et molle négligence, qui a tant de charmes, les femmes ont des succès auxquels les hommes voudroient en vain prétendre. Madame de Sévigné, par de simples Lettres de société, est devenue un modèle presque inimitable, et comme La Fontaine, sans y penser, elle s'est rendue immortelle.

Mais c'est à notre siécle qu'il étoit réservé d'offrir dans une femme le plus étonnant exemple de la supériorité du talent. Dans le premier rang de la société, avec tous les charmes de la figure, tous les avantages que procurent les arts enchanteurs, elle a daigné consacrer aux enfans les fruits du génie le plus fécond, le plus aimable et le plus heureux; et, croyant peut-être travailler pour eux seulement, elle a instruit, fait les délices de tous les ages, et le désespoir de l'envie. Ses Drames ravissans, quoique privés des grandes ressources des passions fortes, avec autant de simplicité, plus d'intérêt que ceux de Ménandre, sont écrits avec la même élégance, la même pureté que les pièces de Térence, et ont un mouvement, une action que les Comédies du Poëte Latin n'ont pas.

Dans ses Lettres sur l'Éducation, le même Auteur a su faire disparoître la sécheresse didactique, et donner les attraits des graces au langage de la raison. Toutes les ressources du talent y sont employées pour répandre le plus grand charme sur les idées les plus utiles et souvent les plus profondes. Les vues les plus vastes, les principes les plus importans, les observations les plus fines et les plus justes, et les discussions les plus difficiles y sont parées de toute la richesse du plus heureux coloris ; les personnages dessinés avec force, peints avec vigueur, y sont en action : chaque nuance est saisie ; tous les traits sont exprimés, et les caractères les plus différens sont tracés avec la même hardiesse de pinceau et la même vérité. Et les Episodes, quelle variété n'ont-ils pas? Quelle vive, quelle tendre émotion ne font-ils pas naître? Mais le mérite suprême de ce livre, c'est de donner à la morale la plus épurée tout l'intérêt du sentiment : on croit y retrouver Platon sans chimères, et Fénelon entraîné par son cœur et sa belle imagination. (*)

Il est un point de vue sous lequel on peut considérer les romans comme très-utiles. Si on les lit, non-seulement avec le desir de passer quelques momens agréables, mais aussi avec l'intention d'y découvrir les mœurs, les usages, l'esprit de chaque siécle, on en tirera des lumières peut-être plus sûres, pour apprendre à connoître les hommes et la marche de leurs idées, que celles qu'on pourroit trouver dans l'Histoire, et même dans des traités de Morale très-bien faits.

Dom Quichotte, cet ouvrage de l'imagination la plus gaie, nous peint les extravagances chevaleresques des Espagnols, leurs graves ridicules, leurs préjugés, leur ignorance et leur sérieuse déraison, d'une maniere plus sûre et plus piquante, que les gros livres qu'on a

---

(*) Placée au bas de la page une longue note qui ne tient que foiblement au sujet, retarderoit la marche de cet ouvrage : je la renvoye à la fin ; on doit la lire comme un morceau indépendant.

écrit sur cette nation. Les romans de Le Sage, et particuliérement Gilblas, avec autant de naturel et de gaieté, ont le même mérite, quoiqu'avec moins de conception.

On doit à M. le Marquis de Paulmy l'idée très-philosophique d'une Bibliothèque des Romans. Il a fait recueillir les ouvrages des Romanciers de tous les pays et de tous les âges. En leur conservant leur originalité, il a ouvert une source abondante de plaisirs et d'instructions. M. le Comte de Tressan, associé à son travail, a pris le pinceau de l'Albane, et des esquisses grossieres et depuis long-tems oubliées, sont devenues des tableaux charmans.

Les Contes Moraux de M. Marmontel, quand il n'auroit pas autant de titres littéraires, suffiroient pour lui faire une grande réputation : ils prouvent que tous les genres sont bons quand le talent s'en empare, et que des Contes supérieurement faits, peuvent être placés parmi le petit nombre d'ouvrages dont s'honore une nation.

Duclos, souvent sec et toujours ingénieux; Marivaux, souvent froid à force d'esprit, mais toujours étonnant par sa singuliere sagacité, ont porté quelque lueur dans l'obscurité du cœur humain. Le dernier sur-tout en découvre les plus secrets sentimens, en pénètre les ressorts les plus cachés : ses écrits sont les meilleurs tableaux de l'ame, quand elle n'est agitée que par des mouvemens & des intérêts communs. En le lisant, on est tout-à-la fois forcé de le condamner & de l'applaudir ; on le blâme, sans pouvoir s'empêcher de lui sourire, & l'on ne quitte Mariane & le Paysan Parvenu qu'avec le regret de n'avoir plus à lire.

On ne peut parler d'aucune partie de la Littérature, que le nom de Voltaire ne soit retracé. Zadig, Memnon, Babouc, l'Ingénu, sous le titre modeste de Contes, sont des leçons de morale et de philosophie parées de toutes les fleurs de l'imagination.

Quoique la France ait produit une foule de romans très-agréables et fort intéressans, cependant ceux des Anglois leur sont en général aussi supérieurs que les tableaux des grands maîtres d'Italie le sont aux compositions froides, correctes et maniérées de Vateau ou de Boucher. Non, comme nous, esclaves d'un prétendu bon ton, ils veulent peindre fidélement et avec force la nature humaine : aussi c'est dans les classes et les situations où l'homme se manifeste davantage, qu'ils choisissent leurs héros.

Ce genre, qui n'est communément que frivole et futile, parce que le génie l'a trop dédaigné, pourroit cependant produire des ouvrages sublimes et de la plus grande utilité. Si Racine, qui connoissoit si bien toutes les routes du cœur, qui possédoit si parfaitement le secret de charmer et d'attendrir ; si Molière, qu'un talent unique et des observations continuelles rendirent le premier Poëte comique et l'un des plus grands Philosophes du monde, avoient voulu, dans des romans dignes d'eux, donner de nouvelles leçons, ils auroient doublé l'effet qu'ils ont produit. La foule des humains appartient à un petit nombre d'hommes, qui les fait penser et agir. N'est-ce pas à Voltaire qu'est due la révolution qui, depuis quarante ans, s'est opérée dans les esprits ! Pour en faire une bien plus heureuse, il n'a manqué à Racine et à Molière que de le tenter. L'un, avec le secours de la fiction, son style harmonieux et enchanteur, nous auroit fait de si douces peintures de la vertu, qu'il l'auroit rendue plus chere à nos cœurs : l'autre, avec les armes du ridicule, si puissantes et si redoutables entre les mains d'un véritable Philosophe, auroit effrayé les petits vices bas et honteux qui nous déshonorent aujourd'hui, et du moins auroit retardé la dégradation dans laquelle sont tombées nos mœurs. (*)

(*) Ces idées seulement indiquées mériteroient peut-

Revenons aux romans anglois : ils ont une originalité que les nôtres ne peuvent avoir ; ils offrent des portraits d'après nature, dans un pays où chaque homme conserve son caractère, et rougiroit de n'être que la copie d'un Roi. Tandis que nous n'avons que de foibles nuances, les Anglois ont des traits fortement prononcés et faciles à saisir : leurs passions sont plus énergiques, et leurs mœurs plus simples que les nôtres. La campagne qu'ils aiment, l'esprit de famille qu'ils sont assez heureux pour conserver encore ; les vertus domestiques qu'ils ont la sagesse et le bonheur de pratiquer, et cette singularité piquante, qu'on ne trouve que chez eux, présentent à leurs Romanciers une foule de modèles, ou d'un comique vif, ou d'un intérêt touchant, qu'ils ne trouveroient pas dans les détails de la vie dissipée, et non amusée, qu'on mène en France. (*)

être qu'on leur donnât du développement; mais le genre de cet écrit & les bornes qu'on s'y eſt prescrites ne le permettent pas.

(*) Les Anglois, si communément dissolus dans leur jeunesse, deviennent les plus chastes des époux. Ils ont pour leurs femmes l'estime et le respect qu'en général elles méritent ; et quand ils diſent, avec orgueil, c'est une Angloiſe, ils en ont fait l'éloge le plus com-

Qu'on lise les ouvrages de l'immortel Richardson, et qu'on dise, s'il est non seulement un roman, mais même un livre qu'on puisse lui comparer. Non, je ne crains pas de l'affirmer, Clarice est la plus belle création de l'esprit des hommes, mais qui ne pouvoit être faite que par un Anglois. Quel autre pays eût fourni les originaux de cette multitude de caractères si variés, si vrais et si tranchans! Dans quelle autre contrée trouveroit-on l'aimable et touchante simplicité des filles des patriarches, et la profonde scélératesse de l'homme le plus spirituel, le plus séduisant et le plus corrompu, qui emploie plus d'adresse, de ruses, de génie, pour triompher de l'innocence, que jamais n'en employèrent les politiques les plus consommés, pour changer la face des Empires! Quelle admirable vérité dans le portrait d'une femme commune, par la foiblesse de son caractère, de cette Madame Harlove, malheureuse par sa pusillanimité, par sa sensibilité sans force, et même par ses timides vertus! Quelle fille!

---

plet. L'attachement qu'elles ont pour leurs maris, pour leurs enfans, pour leurs domestiques & pour leurs devoirs, les rend dignes de la vénération qu'elles obtiennent, et leur donne dans leurs familles une grande autorité.

quelle amie, que cette Miss Hove, la plus gaie, la plus constante, la plus vive, la plus sensée et la plus tendre des femmes!..... Ne nous laissons pas entraîner par la tentation de parler de cet admirable ouvrage : que pourrions-nous en dire qui répondît à l'idée qu'on doit s'en former ? Le relire cent fois, s'attendrir, sanglotter sur la tombe de Clarice, devenir meilleur : voilà la seule manière de le louer. Celui qui a dit : « O Richardson, Richardson, » forcé par des besoins pressans, si mon ami » tombe dans l'indigence, si la médiocrité de » ma fortune ne suffit pas à donner à mes » enfans les soins nécessaires à leur éducation, » je vendrai mes livres; mais tu me resteras; » tu me resteras sur le même rayon avec Moïse » et Homère, et je vous lirai tour-à-tour ». Celui-là n'a point eu un sentiment exagéré; il étoit digne de s'élever à cet homme divin. Si les Anglois ont eu le bonheur de voir naître ce Poëte sublime parmi eux, les François ont eu l'avantage plus grand de leur faire connoître un trésor, dont ils ignoroient le prix. C'est à eux que Richardson doit la réputation dont il jouit chez ses compatriotes et dans le reste de l'Europe. S'il n'eût pas été traduit, à peine seroit-il connu. L'Abbé Prevôt, qui faisoit, comme tant d'autres, de la littérature un commerce, imagina qu'un grand nombre de volumes lui produiroit beaucoup d'argent. Il nous donna Clarice; mais son goût timide ne lui permit pas de laisser toute son étendue à un ouvrage dont on ne peut ôter une phrase sans nuire à la perfection de l'ensemble et sans altérer cette vérité, qui fait l'un de ses principaux mérites : il retrancha des Lettres, supprima le testament de Clarice et la description de ses funérailles, et au lieu du premier tableau du plus grand de tous les peintres, nous n'eumes qu'une esquisse foible et tronquée. Un homme supérieur a réparé les torts d'un artiste craintif, et nous avons l'ouvrage dans son entier. Un élan de son ame a produit le sublime éloge de Richardson, le plus bel hommage que l'enthousiasme ait jamais rendu au génie (*).

(*) Je ne puis m'empêcher de transcrire ici quatre vers qui ont été écrits au bas d'une estampe de Richardson :

Voici des passions l'interprête suprême;
Lui seul a pénétré le secret de nos cœurs.
Imitant, corrigeant la nature elle-même,
Ses écrits sont la règle et l'histoire des mœurs.

Je ne crois pas possible de caractériser en moins de mots, et avec plus de vérité, de simplicité et de force, le profond Observateur de la nature humaine, et son Peintre sublime; mais ce portrait aussi est d'un Maître.

Celui qui produisit Clarice, produisit aussi Grandisson : ces deux ouvrages ont eu en Angleterre et en France des imitations dont plusieurs ont une partie du mérite de leurs modèles : celle qui approche davantage de ces chefs-d'œuvres et qu'on ne peut s'empêcher de placer à côté d'eux, c'est la nouvelle Héloïse. Quelle heureuse révolution n'auroit pas fait dans nos mœurs cet admirable livre, si les François avoient ou pouvoient se livrer constamment aux idées qui les touchent ou les charment!

Tandis que Richardson élevoit les Romans au-dessus des Poëmes d'Homère, de Virgile et du Tasse; tandis qu'il les consacroit à donner des leçons de la vertu la plus pure, et qu'il les faisoit servir de parure à la morale la plus tendre et la plus vraie, Fielding, aussi Philosophe que Molière, les employoit à peindre les petites passions, les travers, les vices, les ridicules et les préjugés des pauvres humains, et les forçoit à rire d'eux-mêmes en leur montrant leurs propres traits.

Jamais la raison n'a parlé un langage aussi gai que dans Joseph-Andreus et dans Tom-Jones : un comique vif, soutenu, naturel et presque jamais bas ou forcé, y sort continuellement des situations. Quoique très-originaux

et

et très-contrastés, les caractères y sont tous vrais; et l'on sent, quoique l'on n'en ait peut-être pas rencontré de pareils, qu'ils sont dans la nature, et que c'est d'après elle qu'ils ont été tracés. Le goût et la conduite, sans lesquels le génie même ne trouveroit pas grace devant des François, s'unissent dans les écrits de Fielding, à la vivacité piquante, à la singularité, à la force comique qui les distinguent.

Je m'apperçois, et malheureusement un peu tard, que mes conseils de lecture deviennent eux-mêmes un livre. Pour le rendre plus supportable, je me hâte de l'abréger. Mon dernier avis est de choisir dans la foule des écrits périodiques, un Journal qui fasse connoître les nouveautés : il est agréable et presque nécessaire d'être au courant de la littérature; et les Journalistes ont du moins l'avantage d'apprendre les titres, et de donner une notion des livres qui paroissent.

Un moyen d'ajouter à ses lectures un nouvel intérêt, et d'en conserver un souvenir durable, c'est d'en faire l'objet d'une correspondance exacte et suivie. Si une femme l'établit avec un homme instruit et sage, ce commerce sera pour tous deux agréable et utile; il deviendra la source d'une suite d'idées ingénieuses, de réflexions solides, de pensées fines et de bons raisonnemens; et il fera naître entr'eux une amitié tendre, peut-être très-préférable à l'amour.

La femme qui, de bonne heure, s'occupe du soin de cultiver son esprit et d'éclairer sa raison, se prépare, pour tout le tems de sa vie, des ressources contre l'ennui, et ne tombe point dans la multitude d'écarts auxquels il entraîne : elle ne perd pas tout avec la fraîcheur, les amusemens et les graces de la jeunesse, comme les femmes qui n'ont jamais pensé, qui n'ont rien prévu, et dont le plaisir a été l'unique et trompeur objet Quand l'âge lui donnera le goût, ou lui imposera la nécessité d'une vie plus retirée, elle ne sera point forcée, pour remplir le vuide immense de son cœur, de se jetter dans une dévotion sans lumières, qui ne la satisferoit pas, et ne lui feroit point acquérir l'estime des personnes raisonnables, parce qu'au lieu d'être un sentiment, cette dévotion ne seroit qu'un état. Elle se livrera moins encore à l'esprit d'intrigues, qui rend si importunes, si dangereuses et même si viles celles qui s'y abandonnent. Le jeu, cette âpre et triste passion des vieilles, en qui augmente le besoin de se fuir, sera tout-au-plus pour elle un amusement. Jamais chez elle on n'éprouvera la langueur et l'ennui de ces conversations décousues, dénuées de sens et d'idées que la médisance seule empêche d'être toujours d'une assommante insipidité. Pour conserver quelque considération, et pour retrouver quelque ressort, elle ne s'entourera pas même de beaux esprits, qui brûleroient un fade encens à ses pieds, et verseroient à grands flots le ridicule sur sa tête. Ses amis lui suffiront. Sensés, instruits, aimables comme elle, ils feront le charme de toutes ses journées: sans cesse occupés à lui plaire, ils sentiront le bonheur de l'aimer en jouissant du bonheur d'être aimés d'elle. Lorsque le tems des plaisirs vifs et brillans sera passé, des plaisirs plus tranquilles et peut-être plus doux, leur succéderont. Elle n'aura rien à regretter. Jeune, elle régne par l'amour et les graces; plus âgée, elle régnera par l'esprit, par la raison et par l'amitié. C'est moins changer d'empire, que s'asseoir sur un trône bien moins orageux et plus assuré.

NOTE

SUR Mme. DE GENLIS.

C'EST avec toute la bonne foi possible que j'ai loué Madame de Genlis. (1) J'aimois, j'estimois l'auteur; je me plaisois à donner à ses écrits des éloges que je croyois et que je crois encore très-mérités. Mais, dans les circonstances actuelles, en laissant subsister les éloges, je me dois de ne pas laisser penser que mes sentimens pour Mde. de Genlis restent les mêmes. Je l'avoue, je n'ai pas plus douté de son retour à la vertu que de ses talens, et ses talens seuls à présent me paroissent à l'abri du doute.

Ce jugement sembleroit dur, si malheureusement il n'étoit pas aussi général. C'est sans prévention que je vais l'examiner.

Loin de s'être affoibli depuis la révolution, le talent de Mde. de Genlis paroît avoir acquis plus de

(1) Cette longue note ne s'accorde pas avec la briéveté que je m'étois prescrite dans cet ouvrage; mais Mde. de Genlis s'est acquis tant de célébrité, est devenue un personnage si marquant, qu'on me la pardonnera, et même qu'on me saura gré de donner l'étendue nécessaire à la discution dont elle est l'objet. Mde de Genlis doit-elle être crue sur le témoignage qu'elle rend de ses vertus, qu'elle renouvelle si souvent et d'une maniere si solemnelle; ou bien doit-on s'en rapporter à l'opinion générale, écouter la prévention si forte qui paroît s'élever contre elle? Voilà le point de la difficulté; c'est avec la plus grande impartialité que je tâcherai de le résoudre.

force. L'importance et la diversité des circonstances et des événemens, lui ont donné une connoissance encore plus approfondie du cœur humain. Elle a su s'en emparer, le maîtriser par la variété, le naturel, l'intérêt vif, soutenu et toujours puissant qu'elle a répandu dans ses derniers ouvrages. Nous en exceptons *les Chevaliers du Cygne*, qui, sous aucuns rapports n'honorent Mde. de Genlis, et ne semblent que trop autoriser les reproches qu'on a fait à son caractère. Ils sont un cadre, dans lequel elle a renfermé une multitude d'esquisses sans couleur, sans harmonie et qui ne forment point un tableau. De ce cahos, tout ce qui en sort quelquefois, c'est un foible intérêt de curiosité. Il lui est facile de se consoler d'avoir fait un mauvais roman, tant de bons écrits la dédommagent. Mais se consolera - t - elle d'avoir, dans un livre qu'on ne lit plus, mais dont on se souvient, fait le portrait le plus affreux d'une Princesse infortunée, légere, imprudente peut-être; à peine au sortir de l'enfance jettée sans guide au milieu de la corruption de la Cour de Louis XV; non exempte de fautes, mais non méchante, non vicieuse comme Mde. de Genlis l'a peinte? Si Mde. de Genlis a le malheur de haïr, comment le sang, le sang d'une auguste victime immolée sur le même échafaud que les plus vils, les plus atroces criminels, n'a-t-il pas éteint sa haîne ? Qu'elle doit être malheureuse et déchirée, quand elle se rappelle cet odieux chapître des Chevaliers du Cygne, *une Reine sans esprit et mal conseillée !*

Ce n'est pas d'aujourd'hui que l'auteur des *Chevaliers du Cygne* a manifesté son goût pour la peinture en portraits. Dans Adèle et Théodore, on a cru reconnoître celui d'une de ses bienfaitrices, dont cette bienfaitrice, ni le public n'ont été contens.

Dans une note de la préface des *Chevaliers du Cygne*, Mde. de Genlis annonce un *Précis de sa conduite depuis la révolution.*

Il est en effet imprimé, mais j'ai cherché vainement à me le procurer. Des personnes qui l'ont lu, m'ont assuré que bien loin de servir à sa justification, il aggrave ses torts. Elle prétend y prouver qu'*elle n'a eu la volonté, ni la possibilité de se mêler des affaires. Dans le précis de ma conduite*, ajoute-t-elle dans la même note, *j'avance des faits incontestables, mais sans accuser et compromettre qui que ce soit. Les personnes dont je pourrois me plaindre, ont éprouvé des malheurs qui m'ôtent le droit de parler d'elles.* Quand on se montre pénétrée de principes aussi généreux, aussi justes, comment peut-on aussi fortement les démentir ? Les dernieres années de la Reine de France, et la maniere dont elle a fini, peuvent, je pense, être regardés comme des malheurs.

Il semble bien difficile, qu'après les liaisons si publiques que Mde. de Genlis a eues avec le premier Prince du sang, alors seulement connu par l'excès de sa dépravation, qu'après avoir été l'institutrice des enfans de ce prince, qu'après avoir continué l'éducation des plus jeunes depuis sa mort, elle prouve qu'*elle n'a eu ni la volonté, ni la possibilité de se mêler des affaires*; et qu'elle n'a eu aucuns rapports avec le parti qu'on nommoit le parti d'Orléans.

Mde. de Genlis l'a si bien dit : *une funeste expé-*

rience m'a fait connoître une importante vérité ; c'est qu'il faut juger les gens avec lesquels nous vivons, non sur leurs démonstrations et leurs discours, mais d'après leurs actions et le fond de leur conduite ; et il arrive communément qu'on ne juge ainsi, que ceux avec lesquels on a peu de rapports ; c'est pourquoi les jugemens du public sont en général équitables, parce qu'ils sont fondés sur des faits positifs, tandis qu'on rencontre tant de dupes dans une société intime. (2) Le jugement est rendu ; c'est Mde de Genlis qui l'a prononcé.

Après avoir rempli les douloureuses fonctions de blâmer, livrons-nous entiérement à la satisfaction d'applaudir, sans réserve. Les dernieres productions de Mde. de Genlis nous en offrent amplement le moyen. Les ouvrages les plus parfaits en ce genre, ne leur sont pas supérieurs. *Les vœux téméraires* ont tout le mérite qu'un roman peut rassembler ; un plan nouveau, des caractères variés et dessinés avec force et vérité, des tableaux de la plus grande vigueur ou du plus grand charme, la peinture des sites, qui ajoute tant à la vraisemblance, faite avec des couleurs que la nature elle-même semble avoir broyées, les situations les plus attachantes, jamais rien de forcé, un style toujours pur et soutenu, le plus puissant intérêt qui commence à la premiere page, et s'accroît jusqu'à la derniere. Un dénouement absolument neuf et déchirant, et la morale la plus sublime et la plus pure ; voilà ce qu'on trouve dans les *vœux téméraires*, et ce que la justice la plus sévère est forcée d'y reconnoître. Peut-être, peut-on dire que dans ce siècle irréligieux,

---

(2) Chevaliers du Cygne, t. 2. p. 75.

ce livre n'est pas d'une utilité assez générale, et qu'il est peu à craindre qu'on fasse des vœux téméraires, quand on ne fait plus de vœux. Mais rejettons toute critique ; l'impression à la fois douloureuse, profonde et délicieuse que fait cette composition si touchante et si distinguée, ne la permet pas.

Si les anciens nous avoient laissé un ouvrage comme les petits Émigrés, qui eût le naturel, la simplicité, les graces, l'intérêt, le mérite de leur ravissante correspondance, avec quelle admiration, quel amour on en parleroit ! Cette correspondance absolument originale, est un de ces livres sans modèles, et qui ne peuvent avoir que peu d'imitateurs ; un seul crée et épuise le genre. Comme tous les détails en sont aimables & précieux ! quoique divisé sur un assez grand nombre de personnages, l'intérêt ne languit point et se réunit plus fortement enfin. L'ame ne reste jamais sans émotions, quelquefois très-fortes et ordinairement très-douces. Dans ce sujet, qui présentoit tant d'écueils à la sagesse, toutes les mesures sont gardées, la plus parfaite modération régne ; c'est l'innocent agneau qui répond au loup injuste et barbare.

Comme dans *les vœux téméraires*, mais avec des nuances différentes, la vertu est peinte sous les couleurs les plus attrayantes, elle attire, pénètre doucement dans les ames et leur fait sentir que, si le bonheur n'est pas toujours avec elle, du moins dans le malheur le plus extrême, elle fait trouver les consolations les plus puissantes, les jouissances les plus vraies. Et la Religion, jamais auteur ne la montra plus aimable, plus touchante et plus belle. Si Mde. de Genlis ne s'attache pas à la prouver, tâche remplie dès long-tems, elle fait mieux; elle la persuade en la rendant nécessaire, en la faisant aimer. Ah! pourquoi laisse-t-elle penser que ses tableaux, souvent dignes des Fénelon, des Massillon et des plus grands maîtres, tracés par son génie, n'ont pas leur type dans son cœur? (3)

Si ce plan de lecture tombe entre les mains de Mde. de Genlis, elle verra que c'est avec loyauté que je l'attaque; je ne me couvre point lâchement du manteau de l'anonyme, je me nomme. Je fais plus, je déclare que, dans toute l'ardeur de mon ame, je souhaite que plus beaux et plus augustes, les temples de la religion et de la vertu se relevent dans toute leur gloire, et que, s'il peut l'être, le monde détrompé juge que Mde. de Genlis en est la plus digne prêtresse. Mais.....

---

(3) Il semble que Mde. de Genlis n'auroit pas dû employer la plume de l'une de ses plus intéressantes émigrées, à tracer son propre éloge. Ces tours d'adresse ne sont pas adroits; ils ne servent qu'à prouver combien on se défie de l'opinion générale; mais ce n'est pas ainsi qu'on la ramene. Mde. de Genlis, sûre que ses talens ne sont pas contestés, n'en parle pas; elle sait bien que la postérité la comptera parmi les écrivains les plus distingués et les plus utiles du 18e siècle; mais elle, bien moins certaine qu'on pensera que sa conduite est d'accord avec les principes qu'elle montre, et cet accord, elle tâche de le persuader.

Voyez les petits Émigrés, t. 2. p. 174 et 175.

SUPPLÉMENT.

A V I S.

Ce Supplément n'étoit pas facile à faire. Nous ne nous flattons pas d'avoir surmonté la difficulté. Il y avoit deux partis à prendre : celui d'insérer les nouveaux articles dans l'ancien texte, ou bien de les placer à la suite de l'ouvrage. Le premier auroit eu l'avantage de conserver l'unité & de ranger chaque écrit dans la classe qui lui convient ; mais il auroit eu de grands inconvéniens : il auroit ôté à cet ouvrage le petit mérite auquel il a principalement dû son succès, la rapidité. Il suffit de prononcer un nom célèbre et consacré par la postérité pour être entendu. Ce nom dit tout, parce qu'il est jugé. Ainsi pour engager à placer Télémaque dans une bibliothéque, il n'est pas besoin de chercher à le faire connoître, il suffit de le nommer. Il n'en est pas ainsi des ouvrages récens : par la raison même qu'ils sont récens, il est nécessaire de s'y arrêter. Supérieurs, leur réputation est déja faite ; mais elle n'est pas entiérement fixée : ils n'ont pas encore acquis cette autorité, cette solemnité que donnent seuls la mort et le tems. Cette considération nous a déterminé.

On sent que dans ce supplément on n'a dû, ni pu conserver la marche du Plan de lecture. Un mot ne suffit pas quand on parle d'ouvrages tels que le Lycée Français, les Études de la Nature, les Voyages du jeune Anacharsis, les Mêlanges de Mme. Necker, &c. *Un jugement prononcé dans un seul mot est magistral et sec, et ne rempliroit pas l'objet que nous nous sommes proposé, celui de persuader ; et pour persuader, il est quelquefois nécessaire d'instruire.*

LE LYCÉE
OU
COURS DE LITTÉRATURE.

PAR M. DE LA HARPE.

NÉCESSAIRE à toutes les bibliothèques, le Lycée, ou cours de littérature, l'est sur-tout à celle d'une femme qui veut réunir à la fois le plaisir et l'instruction. Il a rendu inutiles toutes les Grammaires, les Poétiques, les Rhétoriques, les livres élémentaires qui se sont faits depuis Aristote jusqu'à nous. M. de la Harpe s'est emparé du travail de tous les siècles, et l'a enrichi du sien; il s'est élevé à l'honneur d'avoir fait le meilleur livre en ce genre, et ce genre est très-important. Il explique, développe, abrége, simplifie tout, et se fait lire avec autant d'intérêt, que si son ouvrage n'étoit pas un ouvrage technique. Est-ce Démosthène, Ciceron, les meilleurs Historiens, les plus grands Poëtes qu'il analyse? il a le génie, le caractère, la manière de l'auteur dont il parle. Toujours clair, toujours pur, en instruisant toujours, il ne fatigue jamais; et s'il sent que les préceptes pourroient amener la lassitude, par un trait, par une tournure piquante, par la variété sans disparate il l'éloigne : jamais on ne répandit sur les leçons autant de charmes. Un grand mérite, c'est de leur donner la facilité de la conversation, sans leur faire perdre le ton soutenu que le public exige dans les discours qu'on prononce devant lui.

Quelque fupérieure qu'elle soit, nous ne suivrons pas M. de la Harpe dans la partie qu'il consacre à la littérature ancienne ; elle n'entre pas dans notre plan. Encore une fois, nous ne conseillons pas aux femmes d'être doctes, mais, autant qu'elles le pourront, d'être aimables et heureuses. Je crois, que l'un des plus sûrs moyens d'y parvenir, c'est d'animer la raison et le calme par la variété, de multiplier les goûts agréables et utiles sans jamais en abuser, de donner, autant qu'on le peut, de l'intérêt à tout le cours de sa vie, sans jamais l'agiter. Eh, comment réusira-t-on à remplir cet objet, si ce n'est par l'union des talens et du goût pour les lettres ?

Sans vouloir être Artiste, on aime à connoître les procédés de l'art, et l'on fait démonter une montre, pour juger de la manière dont s'accordent et se meuvent ses ressorts; M. de la Harpe est le méchanicien qui les désassemble et les replace. Depuis son berceau, il fait, avec rapidité et lumière, l'histoire critique de notre poésie ; il en dévoile tout le méchanisme ; et des chants informes des Troubadours et des Bardes il la suit jusqu'à ce qu'elle se soit élevée à la perfection, où les grands Maîtres l'ont fait parvenir. Bégayant dans son enfance, elle n'a point d'accent distinct, et n'a même pas de genre qui la caractérise : foible, lente dans sa marche, à peine elle avance et se soutient ; mais les derniers pas qu'elle fait sont des pas de géant. Corneille laisse bien loin derrière lui les Poëtes qui l'ont précédés. L'épopée, il est vrai, ne fit d'abord retentir que des sons foibles, discordans et barbares ; mais la comédie, qui à peine existoit en France, y devint bien supérieure à ce qu'elle fut dans Athènes et dans Rome ; et c'est par un intervalle immense, que Molière la sépara des théâtres d'Espagne et d'Italie, où, jusqu'à lui, les François avoient pris leurs modèles ; foibles copistes de monstrueux tableaux, ils étoient loin d'être peintres.

M. de la Harpe nous conduit alternativement, du pupître du grand Corneille, à celui de Racine, de Molière, de Boileau, de Rousseau (*), du bon La Fontaine et de tous les

(*) C'est J. B. Rousseau.

autres grands Maîtres; il les force à nous révéler les secrets de leur art; ils ne gardent pour eux que ceux du génie qui ne se révèlent pas, du génie qui créa leurs chefs-d'œuvres, qui créa Warvick, Philoctète, Mélanie, des odes, des épîtres et de nombreuses pages de prose.

Sans peine, sans effort, une femme apprend nécessairement sa langue, en lisant le cours de littérature. Quand, malgré son amour pour Racine, et forcé pour notre instruction de relever quelques fautes de langage dans cet écrivain si pur, l'attention s'arrête nécessairement sur la critique, et l'on est tout étonné de trouver une tache, à la vérité bien légère, et nécessitée par le besoin de produire une beauté, où l'on avoit cru voir la perfection parfaite : les observations du critique se gravent dans la mémoire et ne s'effacent jamais.

Apprendre à une femme à parler purement sa langue, c'est un des plus grands services qu'on puisse lui rendre; les choses les plus aimables, les plus délicates, perdent infiniment quand une élocution vicieuse ou même trop commune les dépare.

Et ces anciennes demoiselles, qui ont encore de la prétention à la beauté, que peut-être elles ont eu, et à l'esprit cultivé, qui toujours a fui bien loin d'elles, quel ridicule ne leur

épargneroit-

épargneroit-on, si l'on parvenoit à leur apprendre à parler un peu français? Il n'en est pas de plus grand et qui excite autant le rire, que celui qu'elles se donnent quand, après avoir travaillé une phrase, l'avoir voulu rendre bien spirituelle, bien fine et bien brillante, en avoir bien chassé le naturel, elles s'expriment par une locution moitié précieuse, moitié sauvage, par des termes empruntés d'un jargon populaire et par des mots non connus hors des limites du Département qu'elles habitent. Quand on fait de longues analyses du sentiment, toujours belles quoique un peu surannées, quand on distille le distillateur Marivaux et la foule des Romans qu'on a lu avec tant de fruit, quand on fait de l'esprit, ce qu'on ne devroit jamais faire, il est triste de parler un langage qui répond si mal aux belles choses auxquelles on s'élève, et par l'ignorance de la propriété des termes de faire des *quiproquo* quelquefois si plaisans, qu'ils forcent le rire; et le rire renverse les châteaux de gloire des belles Demoiselles, comme le moindre souffle abat les châteaux de cartes des enfans.

Les services que M. de la Harpe a rendu à la Poésie, il les a rendu à l'Eloquence, à l'Histoire, à toutes les parties de la Littérature; il les éclaire toutes du même flambeau, celui de la critique la plus lumineuse et la plus sûre. Jamais on n'a su mieux apprécier chaque écrivain, mieux connoître son caractère, dévoiler ses moyens, deviner ses intentions, lui assigner la place qui lui convient; enfin, la lecture du cours de Littérature, qui nous ouvre une source si féconde d'inſtruction, par la variété, par la quantité de traits dont l'ouvrage est semé, est aussi une abondante source de plaisirs. Il nous fait retrouver une foule de nos connoissances, que nous sommes très-aises de revoir, et que cependant nous n'aurions pas été chercher; il nous ramène nos anciens amis, il nous les rend avec leur caractère véritable, leur physionomie, leurs qualités et leurs défauts, qui quelquefois ne les rendent que plus aimables; il ressuscite une multitude de piéces originales, riches de traits, brillantes d'esprit, et de morceaux pleins de sentimens et de grâces, qui restoient ensevelis dans de gros livres qu'on ne connoît plus. Il nous rappelle une quantité d'anecdotes, presque toujours très-piquantes, qui font sourire encore en des jours où l'on a si grand besoin d'être distrait de ses pensées habituelles; enfin, il est bien peu d'Auteurs qui puissent, comme celui du Lycée Français, faire dire de lui : *il m'instruit et m'amuse.*

ÉTUDES DE LA NATURE.

PAR M. BERNARDIN DE ST. PIERRE.

COMME la Nature, les Sciences et les Lettres, de loin en loin, offrent des phénomènes inattendus qui forcent l'admiration, allument l'enthousiasme, attachent et ravissent ; parmi ces phénomènes éclatans, il n'est point de livre qui ait plus que les Études de la Nature, le droit d'être compté.

L'Auteur montre continuellement son intention; son plan est grand et simple. Guidé par la bonne foi, il ne cherche que la vérité, il la cherche avec le desir ardent de la trouver. Après avoir vu, médité, observé, il rassemble ses matériaux ; et ce n'est qu'à la suite de l'examen, et après avoir profondément réfléchi, qu'il se permet de parler.

Comme je le voulois, je ne le suivrai pas dans sa marche, ce seroit une trop grande entreprise. Arrêté sur une foule de passages par l'admiration, je ferois, peut-être, comme ce lecteur d'Homère qui, voulant indiquer tous les beaux vers, souligna presque tout le poëme.

Je n'entreprendrai donc point d'analyser les Études de la Nature, je n'en parlerai que par élans.

Non, non, ce ne sont pas toujours seulement d'ignorans et pauvres pécheurs qui sont les Apôtres de la Loi. Parmi ceux qui sont forts et célèbres, quelquefois la Providence choisit des hommes qu'elle revêt de la majesté des écritures, auxquels elle donne la sublimité, l'onction, la simplicité, la foudroyante éloquence, les graces si naïves et si touchantes des Prophêtes pour confondre l'incrédulité et l'amener par la force du raisonnement, et l'empire du sentiment à la reconnoître, à la bénir, à l'adorer; tel me semble être l'auteur des Etudes de la Nature. Je ne conçois pas comment le Matérialiste s'obstineroit à penser que ces Etudes pourroient être la production d'un être destiné à devenir une partie brute de la matière, ou un végétal à peine organisé. Ce ne sera que lorsque l'huître ou le chou donneront des marques d'une supérieure intelligence, que je croirai que Newton et Saint-Pierre peuvent devenir une huître ou un chou.

Quel immense intervalle, et impossible à remplir, il met entre la brute et l'homme! L'animal, qui profite avec délices des bienfaits du feu, sans savoir l'employer et l'entretenir, est assez riche de son instinct ; (*) ne lui donnons pas notre raison, comme tant de philosophes impies le voudroient. Dieu nous a fait Rois, ne renonçons point à notre empire. Si nous sommes Rois, indignes et malheureux, c'est parce que nous n'appellons pas à notre conseil la sagesse ; l'Auteur veut nous y ramener, et ne cesse pas de nous montrer le bonheur avec elle, le bonheur qui toujours s'accroît, et devient ineffable dans l'éternité.

Aux objections contre la Providence, tirées des prétendus désordres du globe et des vices apparens des différens régnes, il oppose ce même globe et ces mêmes régnes pour la justifier ; d'un brin d'herbe, d'un insecte, il tire des démonstrations et met en poudre les raisonnemens des sophistes. Par un art qui n'est qu'à lui, ses preuves sont des tableaux, et n'acquièrent que plus de force en se parant de graces. Il vous montre comment tout est fait pour un but, et que ce but, un vague, un incompréhensible hazard n'a pu l'avoir ; et qu'il n'a pu exister que dans la conception d'une suprême intelligence.

(*) Dans la foule innombrable des preuves que l'auteur donne de l'impossibilité où est la brute de s'élever à la raison, je choisis celle du feu comme la plus simple et la plus irrésistible.

Ne nous arrêtons pas davantage aux preuves physiques qu'il donne de la Providence ; passons rapidement à celles de l'immortalité par le sentiment.

Pourquoi les femmes iroient-elles chercher hors d'elles-mêmes, ce qu'elles trouveront mieux que par-tout ailleurs, dans leur propre cœur? Qu'elles y descendent ; éclairées par le flambeau que l'auteur des Etudes de la Nature fera luire devant elles, elles seront étonnées des richesses qu'il renferme ; elles se verront bien incontestablement l'ouvrage de Dieu, l'une des plus belles œuvres de la création, œuvre immortelle comme le Créateur lui-même.

Je persiste. Je regarde l'auteur des Etudes de la Nature comme l'un des plus grands Apôtres de la Religion. Depuis les premiers Pères de l'Eglise jusqu'à nous, quel écrivain l'a mieux montré dans sa pompe, dans sa sublimité, avec son onction, avec son caractère de divinité ? Convaincu lui-même, qui mieux que lui persuade? Comme il démontre, comme il découvre dans le cœur même et de l'homme vertueux, et de l'homme flétri par tous les vices, que sans religion il est impossible d'avoir d'autres vertus que des vertus fallacieuses, des vertus de théâtre ! Quelquefois, aussi fort que Pascal, souvent il est aussi éloquent, aussi peintre, aussi onctueux que Fénelon; c'est entre ces deux hommes que la postérité le placera. Nos sens, nos institutions civiles et politiques, notre grandeur, nos foiblesses, tout lui sert à donner des preuves morales de la Providence.

Je conseille aux femmes qui liront les Etudes de la Nature, de faire cette lecture avec une grande attention, de ne pas se laisser effrayer par les parties systématiques et celles qui tiennent plus immédiatement aux sciences, qu'elles entendront cependant, si elles veulent un peu s'y appliquer; mais de s'arrêter aux descriptions, aux tableaux, aux peintures de mœurs, aux vues de l'auteur, pour parvenir au perfectionnement de la raison, et pour conduire sûrement les hommes à la sagesse, en les y menant par la route du bonheur, bonheur qu'ils sont sûrs de trouver, s'ils veulent marcher dans les voyes de la Nature et ne pas s'écarter de la vertu; de marquer ces morceaux dans leur exemplaire, et de les lier par des notes. Il est sûr qu'elles y reviendront souvent, et chaque fois qu'elles les reliront, elles y trouveront des instructions nouvelles et plus de charmes qu'à la première lecture.

O femmes, comme vous devez aimer l'auteur de ces Etudes! Il est juste envers vous;

il vous a peint telles que vous pouvez être, telles que sont quelques-unes d'entre vous; il offre votre beau idéal, que vous réaliserez si vous voulez admettre ses méthodes, vous convaincre de ses principes, vous pénétrer de ses sentimens. Comme votre image est belle sous ses pinceaux! comme elle est douce, sublime et céleste! c'est ainsi que la Nature vous avoit dessinées. Grand Dieu! vous avez bien défiguré son esquisse. Aussi, les femmes sauvages, chez les Hurons et chez les Illinois, sont bien moins malheureuses; et permettez-moi le mot, bien moins dégradées que la plupart d'entre vous. J'invite les ames sensibles et amies de la vertu, de se joindre à moi pour prier, supplier, conjurer M. Bernardin de Saint-Pierre, de tirer de son ouvrage un ouvrage pour les femmes, qu'il leur en rende la lecture continuellement facile, et les fasse jouir, en les instruisant, de momens remplis de charmes. Elles ont plus d'intelligence qu'il n'en est besoin pour s'élever aux spéculations de l'esprit; et il est trop riche d'imagination et de sentiment, pour ne pas s'emparer de leur cœur. C'est à des ames telles que la sienne, celle de Fénelon et de Rousseau, qu'il appartient d'être leurs missionnaires; il est sûr, que des écrits comme les leurs, peuvent produire de grandes révolutions. N'a-t-on pas vu Rousseau délivrer l'enfance de ses entraves, commander aux mères de nourrir leurs enfans, rappeller à la vie champêtre, et faire concevoir à ceux mêmes qui en étoient les plus éloignés, que les mœurs domestiques sont les meilleures et les plus heureuses de toutes ?

Comme les vues des Études de la Nature sont grandes, humaines, fraternelles ! Des hommes répandus dans l'immense univers, l'auteur voudroit ne faire qu'une famille, et de chaque famille faire un empire séparé ; rien n'est moins contradictoire. Les familles, en s'isolant, assurent leur repos, préservent leurs mœurs, concentrent leurs sentimens, augmentent leur sensibilité, et, en aimant autour de soi, chaque individu devient plus capable d'une bienveillance générale ; et par les doux liens d'une bienfaisance respective, par la voye des échanges, au lieu des guerres, des déchiremens, des dévastations, il voudroit faire fraterniser les empires, transporter, autant qu'il seroit possible, les richesses d'un pays dans les autres, et, quand le moyen en existeroit, rendre les biens de chacun d'eux dans le patrimoine de tous : les essais déja faits, doivent encourager. Nos ceps perfectionnés, mûrissent des fruits, produisent des vins exquis sous la ligne : les chevaux, les bœufs, les porcs, les volatilles de l'Europe n'ont point dégénérés, peut-être sont devenus plus beaux dans l'Amérique Septentrionale; et à cette Amérique, combien déja ne lui devons nous pas? ses patates, son mays, ses dindes, ses fleurs magnifiques; et combien n'avons-nous pas à en espérer encore? Ce que nous ne pourrons pas naturaliser, le commerce; mais le commerce sans astuce, ſans fraudes, sans mauvaise ſoi, nous le prouvera. Nos vins abreuveront l'honnête quaker à Philadelphie, nos étoffes pareront les simples et charmantes Américaines; les petits-gris, les castors du Canada, les marthes de la Sibérie, les belles toiles des Indes nous offriront des vêtemens et des parures. Ayons de la modération, ayons de la probité, et nous aurons toutes les richesses. Au lieu de nous déchirer, au lieu de nous détruire, que l'homme aime les hommes, qu'ils fraternisent; et, à son avantage, chaque partie du globe sera tributaire du reste du monde.

Telles sont, mais bien affoiblies, les idées que l'auteur le plus aimant, le plus sensible, puise dans son cœur, et qu'au moins en partie, il est possible de réaliser. (*)

(*) Si j'étois Roi je voudrois être juſte,
Que tous les jours de mon empire auguſte
Fussent marqués par des bienfaits. VOLT.

Cet article seroit meilleur et moins long, s'il ne m'avoit pas tant coûté; plus j'ai tâché

Je voudrois plus, que toutes les jouissances pures, que toutes les sources de la prospérité coulasssent pour mes peuples; ce qu'un Roi pourroit faire, tout Magistrat suprême le pourroit également. Premier Magistrat des Français, j'institueroís un Ministre de l'Agriculture, non pour l'inspecter, non pour la gêner, mais pour la servir, mais pour étendre ses rapports et lui donner des vues nouvelles et plus vastes. Je le logerois dans le Jardin des Plantes, et de ce jardin il correspondroit avec l'immense univers. Selon les idées de M. de Saint-Pierre, il nous enrichiroit de ce que les autres contrées possédent; il prépareroit les environs de nos glaciers à recevoir, avec les végétaux des Cordillieres et ceux du nord de l'Europe, les vigognes et les rennes; il naturaliseroit aussi, dans les lieux les plus chauds de la France, les animaux des tropiques: ces essais, il les feroit avec intelligence, grandeur, sagesse et sur-tout avec constance. Il repeupleroit nos forêts dévastées, avec les arbres de l'Amérique Septentrionale, dont l'accroissement est si prompt, les formes si belles et l'utilité immense. L'érable à suc nous consoleroit de la perte de nos colonies; le julipier, après avoir charmé nos yeux, fourniroit du bois à notre Marine et pour nos charpentes; le papas, dont les fruits sont si délicieux; le platane, dans les vastes et abondantes prairies, ombrageroit les bergers et les troupeaux de son immense feuillage; le sasafras, dont les feuilles, les racines et les fleurs sont si salutaires; les chênes et les noyers, dont il nous manque tant d'espèces utiles, ces transplantations réussiroient. Essayées à St. Germain, dans les

de le soigner, moins j'ai réussi ; je n'ai su comment faire, et j'ai mal fait. Au milieu d'un

---

jardins du Maréchal de Noailles et dans la terre du vertueux Malesherbes, dont les goûts étoient si purs et les mœurs si douces, elles ont eu un plein succès. Celles de nos arbres, faites dans les parties de l'Amérique, dont le climat est analogue au nôtre, y prospèrent, et les Américains en tirent de grands avantages. Nos pêches leur fournissent une énorme quantité d'eau-de-vie excellente : que d'épreuves ne pourroit-on pas tenter ? Comment n'a-t-on pas fait un essai, qui ne seroit ni bien difficile ni bien dispendieux ? Pourquoi n'avoir pas tenté de creuser dans nos Départemens, où se trouvent des salines, des étangs d'eau salée, d'y construire des rochers et d'y introduire des huîtres et différens coquillages de mer, qui vraisemblablement profiteroient dans ces étangs aussi bien que dans l'Océan ?

Un autre essai à faire, c'est celui proposé par M. Bulliard, auteur de l'Histoire des Champignons de la France, pour faire venir des truffes dans les jardins, comme on y fait venir des champignons.

Multiplions les jouissances innocentes, cultivons les goûts doux, aimables et purs ; c'est le moyen d'éviter beaucoup de fautes, et peut-être des crimes que l'ennui seul fait commettre : s'il n'est pas la seule, il est, au moins, la principale cause de l'immoralité et des vices de l'ame.

Je ne serois pas embarrassé dans le choix de mon Ministre ; je prendrois celui qui a fait de si belles études de la Nature, et je souhaiterois que, comme Elie, il transmît son esprit à un nouvel Elisée.

riche parterre, d'une prairie émaillée des plus belles fleurs, je ne pouvois me déterminer à n'offrir que des échantillons détachés d'un herbier desséché. Désirant fortement que les femmes lussent les Etudes de la Nature, j'en ai cumulé les beautés sans les bien choisir; et j'ai senti que les notions préliminaires manquant à la plupart des femmes et même que beaucoup d'hommes n'ont pas, les parties physiques, géographiques, astronomiques et botaniques les arrêteroient souvent dans leur lecture, et forceroient beaucoup d'entre elles à y renoncer. Cependant, comment les priver d'un ouvrage si plein de ces morceaux ravissans, auxquels dans aucune langue, pas même celle d'Homère et du Tasse, il en est bien peu qu'on puisse comparer? Ce tableau d'Ariadne à Naxos, sont-ce les peintres, sont-ce les poëtes qui souvent en tracent de pareils? Et ce paysage, aux portes de Paris, qu'il semble le premier avoir découvert et su voir le pré St. Gervais, dont il nous a fait connoître tout le calme et tous les charmes; Claude Lorrain et le Poussin l'auroient-ils rendu plus attrayant, lui auroient-ils donné plus d'abondance, de fraîcheur, de graces et de repos? Quelle ame douce et tendre n'a pas été tentée d'y chercher la solitude et la paix, de s'y mettre à l'abri des passions humaines, et, dans le sein de la Nature, de se préserver des atteintes des vices et de la corruption ?

Non, je ne regarde pas comme une étude un des plus sublimes, un des plus touchans tableaux qui soit sorti de la main des hommes et qui n'a pas de pendant encore. Je ne crois pas pouvoir mieux apprécier Paul et Virginie, qu'en lui appliquant ce que M. de St. Pierre lui-même dit des lettres en général.

Les Lettres sont un secours du Ciel. Semblables aux rayons du soleil, elles éclairent, elles échauffent, c'est un feu divin ; elles excitent les vertus par les exemples augustes des gens de bien qu'elles célèbrent. (*)

Un grand mérite, c'est de montrer le bonheur très-indépendant des richesses, qui lui nuisent bien plus souvent qu'elles ne le favorisent. L'auteur ne le place pas dans les palais, les passions et les vices l'en ont chassé depuis long-tems ; mais, c'est dans un pays sauvage, sous les ombrages superbes et parfumés qui entourent une cabane pauvre, et qui manqueroit de tout, si elle n'avoit pas les ressources du travail et de l'industrie ; au milieu d'une famille composée de deux Européennes foibles, et chassées de leur pays par l'injustice et la barbarie ; d'un vieux nègre et d'une négresse

(*) Voyez Etudes de la Nature, t. 4. Paul et Virginie.

âgée, de deux enfans, et d'un ami qui protége cette intéressante famille, presque sans rapport avec le reste du monde. Mais sur quelles bases fonde-t-il ce bonheur? le travail, la simplicité, l'amour mutuel et la Religion. O divine Religion!

Un attrait de plus dans cette sublime production, c'est la certitude de ne pas lire une fable. (*)

Malheureusement, l'Arcadie est placée immédiatement après Paul et Virginie; et cet ouvrage, autant qu'il est possible, est effacé par celui qui le précéde. Cependant, avec le talent de l'auteur, on y retrouve le génie dont les vues embrassent la prospérité générale.

Quoique moins important que Paul et Virginie, la Chaumière Indienne est aussi un tableau d'un grand mérite et d'un vif intérêt. Il confirme cette vérité si consolante pour l'homme de bien, que le bonheur n'est point étranger par-tout où se trouve la vertu.

(*) Si j'avois besoin d'autre preuve que la parole de M. de Saint-Pierre, ce qui n'est assurément pas, pour croire que les personnages de cette histoire ont existé, et que les principaux faits sont réels, j'en aurois une dans le témoignage de la malheureuse épouse du malheureux Déprémenil; elle m'a dit qu'elle étoit petite niéce de Mde. de la Tour.

Je le répète, je ne prétends point apprécier la partie systématique de l'ouvrage de M. de Saint-Pierre. Il paroît qu'elle a d'ardens et nombreux adversaires, et que leurs raisonnemens sont loin d'en détacher l'auteur. Ce sont ses grands tableaux, ses vues morales, les relations intimes qu'il établit entre la Providence et l'homme, que j'ai considéré; et sous ces rapports, il m'eut été bien difficile de modérer mon enthousiasme.

VOYAGES

VOYAGES
DU JEUNE ANACHARSIS.
PAR M. L'ABBÉ BARTHELEMI.

LE service que Fontenelle et Buffon ont rendu aux Sciences et à l'Histoire Naturelle, d'arracher les épines qui rendoient trop pénible l'entrée de leurs temples, et d'en semer les avenues de fleurs, l'érudition l'attendoit; elle l'a reçu dans toute l'étendue qu'il pouvoit avoir. Les Voyages du jeune Anacharsis ont parus, et la Grèce a mieux été connue qu'elle ne l'étoit par les nombreux écrits des érudits, seulement étudiés par quelques savans, et laissés dans l'oubli par les gens du monde. Ce qu'ils décrivent longuement et avec ennui, M. l'Abbé Barthelemi le montre. Ils comptent les pieds et les pouces des édifices qui décoroient la Patrie des Arts, il les relève. Il voit les chefs-d'œuvres de Praxitele et de Phidias, vous les voyez avec lui: Anacharsis est votre guide, vous êtes, pour ainsi dire, lui-même; vous parcourez avec lui toutes les Républiques de la Grèce, vous conférez avec les hommes les plus distingués de chacune d'elles ; ce sont eux qui vous font connoître l'esprit qui les dirige, qui vous initient dans tous leurs intérêts , qui dévoilent toutes leurs passions , qui vous montrent les causes de leurs succès et de leurs revers. Vous avez suivi le jeune Anacharsis , la France ne vous est pas mieux connue que la Grèce ; et, sans vous égarer jamais , votre guide vous a conduit par des routes sûres et jonchées de fleurs.

ŒUVRES DE FLORIAN.

Bon jeune homme, que la mort a trop tôt enlevé, les graces doivent recueillir tes écrits ; elles doivent les couronner de cyprès, de myrthes et d'immortelles.

Florian a peu vécu, mais assez pour imprimer des traces qui ne s'effaceront jamais. La simplicité ingénieuse et piquante, la douce candeur, l'honnêteté la plus pure respirent dans ses ouvrages ; et quand il fait parler Zoroastre et Numa, il s'élève à la hauteur de ses grands personnages ; cependant, rarement il étonne, mais il charme toujours. Il a su rajeunir les genres les plus surannés.

La Pastorale, devenue si languissante et si fade, s'est ranimée sous sa plume ; sans perdre l'aimable naturel, la naïveté des bergères, elle a pris un caractère plus piquant. Galathée, Estelle, sont des compositions charmantes, des poëmes intéressans, ingénieux, champêtres, que l'auteur n'a pas voulu prendre la peine de rimer. Le disciple de Gessner s'est rendu son égal, et la France aussi a maintenant son Gessner. Né d'une mère Espagnole, il semble que Florian puisa dans son sein le goût qu'il eut pour le caractère de ses ayeux maternels. Toujours mal gouvernés, foibles, comme Nation, les Espagnols n'ont point d'éclat dans l'Europe; et, s'ils pouvoient l'être, leurs Rois les auroient avilis; mais les individus conservent de l'élévation, de la noblesse, et le sentiment de l'honneur dans toute son intégrité. Une des plus brillantes époques de l'histoire est celle où, mêlés avec les Maures, ils étoient toujours en guerre avec eux, mais étoient plus encore leurs émules que leurs ennemis; où, les deux nations rivales produisoient, à l'envi, des actes d'héroïsme et de générosité; et où, également animées par l'esprit d'une galanterie ingénieuse et chevaleresque, l'amour étoit tout en fêtes, dont les tournois, les devises, les vers spirituels, quoique un peu exaltés, augmentoient la solemnité. Tout étoit dans ces fêtes, brillant, magnifique, ingénieux; et les mœurs en recevoient une empreinte générale, qui donnoit à ce peuple un caractère absolument particulier, qui forçoit l'admiration et l'estime des autres peuples, qu'alors il laissoit bien loin de lui. Des traces en subsistent encore; et peut-être, ne faut-il à l'Espagne qu'un grand homme, pour la replacer au premier rang.

Parfaitement saisie par Florian, cette époque lui a fourni le sujet de *Gonzalve de Cordoue*, *des Nouvelles Nouvelles*, et à ses lecteurs des sources d'instruction et de très-grand plaisir.

Florian, dans ses fables, n'est pas l'égal de La Fontaine; mais depuis La Fontaine, les meilleures fables sont celles de Florian.

Ses Poésies fugitives ont cette fleur d'esprit qui n'ôte rien au talent, et qui lui donne tant de charmes; et sa Rhut sa ravissante Rhut conserve dans ses vers la simplicité touchante, la naïveté, les graces enchanteresses qu'elle a dans l'Écriture. Pour transmettre un pareil morceau dans une langue moderne, sans qu'il perdît de sa simplicité naïve, il falloit un talent bien pur et bien vrai.

En parlant de Florian, qu'il me soit permis de parler un instant de moi; le sentiment m'autorise. Que de reconnoissance ne lui dois-je pas? Dans une longue et dure détention, où je n'avois que des privations et des souffrances pour habitude, que l'échafaud pour perspective, il a soutenu, il a consolé mon ame. Je relisois quelques pages de cet auteur, qui savoit si bien unir l'esprit au sentiment et aux graces, et le calme, la sérénité renaissoient dans mon cœur. Je n'allois pas vîte, pour faire durer mes jouissances. Hélas! tandis que je me livrois aux tendres émotions qu'il me donnoit, qu'il suspendoit mes peines et mes douleurs, dans une captivité pareille à la mienne, il s'occupoit encore à inspirer l'amour de la vertu. Il la montre si douce, si satisfaisante, si belle dans son poëme pathétique d'Ébraïm, qu'il force à la chérir.... Mais, l'infâme Robespierre périt enfin au même échafaud, sur lequel il avoit immolé à son effroi, à sa rage tant de vertueuses victimes. Les prisons s'ouvrent, Florian est délivré, il rentre dans sa demeure champêtre et solitaire; ce n'est que pour un instant qu'il est rendu à la vie, à l'amitié, à l'amour que son talent a fait naître dans les ames douces, honnêtes et tendres : il mourut le 19 Fructidor, an II.

Un bien grand mérite de Florian, c'est, ayant commencé sa carrière littéraire très-jeune, avec un talent original et très-marqué, de n'avoir jamais offensé les mœurs ; et, ayant été éleve de Voltaire, d'avoir toujours respecté la Religion.

La reconnoissance publique, la sensibilité nationale, ont consacré à Zurich un monument élevé par le goût, et décoré par les arts aux mânes de Gessner; et dans Paris, les cendres de son élève, de son émule, les cendres de Florian restent sans honneurs, et confondues parmi les restes d'hommes entiérement ignorés ou flétris. Craint-on encore l'aristocratie de la tombe, comme on a paru craindre celle de l'esprit?

MÊLANGES

TIRÉS DES MANUSCRITS DE MADAME NECKER.

IL n'est point de collection de livres bien faite dans laquelle les écrits de Mde. Necker ne doivent entrer ; à plus forte raison, dans celle qu'une femme veut former : en est-il qui ait fait plus d'honneur à son sexe ? En lisant son ouvrage sur le Divorce, on croit qu'il est celui de Minerve, armée de toute la force de la raison pour la défense des mœurs. Avec quelle audace elles étoient attaquées par les orateurs du vice, par les apôtres de la débauche ! En est-il de plus affreuse que celle que le divorce autorise et propage ? il met l'adultère sous la sauve-garde des loix. Aux sophismes de ceux qui veulent le rendre légal, à leurs déclamations monstrueuses, qu'oppose Mde. Necker ? la modération, la sagesse, une éloquence puissante, des raisonnemens irrésistibles, et le touchant et sublime langage de la vertu.

Les Mêlanges de Mde. Necker, faits pour être mis au rang des meilleurs ouvrages de

Littérature et de Morale, offrent cependant quelque prise à la critique. Elle peut leur reprocher d'avoir quelquefois un ton un peu trop doctoral, et en quelques endroits, plutôt le style des Professeurs de Genève, que celui d'une femme supérieure, riche de pensées, qui a passé ses jours dans les sociétés les mieux choisies, et avec les gens de lettres les plus estimés. Ces lettres manquent peut-être de la flexibilité que semble exiger ce genre; peut-être enfin, trouvera-t-on que ce recueil n'est pas toujours à la portée de la généralité des lecteurs, et principalement des femmes; mais, si la critique peut reprendre, combien la justice n'a-t-elle pas davantage à louer? Quel bien ce livre ne fait-il pas aux ames réfléchies et sensibles? Quelle connoissance approfondie on y trouve du cœur humain! Il n'en est point qui montre mieux ce qu'est la vie, et comme on doit la remplir. Comme on la voit amie, amie par son ame bien plus que par ses discours! Qui mieux qu'elle, a jamais tracé le bonheur de l'intimité conjugale? Avec quelles couleurs vraies, fortes et touchantes elle a peint l'époux dont elle étoit si digne, et qui étoit si digne d'elle; cet homme illustre, que des Français iniques et féroces ont traité, de son vivant, comme Colbert le fut après sa mort par une populace abjecte et forcenée; mais qui, déja vengé par ses contemporains les plus justes, sera mis par la postérité au rang des plus grands hommes, et sur-tout des plus vertueux! Avec quelle fermeté, quelle force, en même tems quelle douceur elle maintient et fait respecter son christianisme par les hommes les plus distingués et les moins chrétiens de la France! Combien, sous sa plume, la Religion est grande et touchante! Il n'est point de livre plus capable que celui de Mde. Necker, de nourrir l'ame dans la solitude. Il est le consolateur des malheureux, il soutient et ranime les vieillards, il leur apprend à ne pas regretter la vie qui les fuit, il leur donne le ciel pour perspective, l'assurance d'un bonheur éternel et prochain. Si les méchans vouloient le lire, mais ils ne lisent point les écrits qui pourroient les toucher, ils renaîtroient au bien, ils seroient humanisés. Ce n'est pas dans sa tête, comme dans un laboratoire de chymie, que se préparent et se combinent les pensées de Mde. Necker sur la vertu, c'est de son cœur qu'elles s'élèvent; c'est un parfum qui s'exhale et qui, si l'on peut le dire avec la persuasion, porte dans l'ame une sainte volupté. Son ouvrage a un grand charme pour ceux qui ont le malheur d'exister encore, et qui ont vécu dans les bonnes sociétés ; il ressuscite les personnes estimables qu'ils ont connu, et de nouveau les remet en relation avec eux. Je résiste au sentiment qui m'entraîneroit. Je finis malgré moi cet article écrit sans ordre, où je n'ai suivi que les mouvemens de mon cœur, par un souhait dont l'accomplissement feroit le bonheur de l'humanité, c'est que l'ouvrage de Mde. Necker forme beaucoup de femmes qui lui ressemblent. (*)

Il est digne de remarque, que dans une famille seulement composée de trois personnes, un père, une mère et une fille, chacun d'eux, dans des genres très-différens, par l'éminence de talens déja empreints du cachet de l'immortalité, se soit placé parmi les écrivains les plus estimés : la famille de M. Necker offre seule un pareil exemple.

(*) J'ai lu les Mémoires de M. Gibbon, après avoir écrit cet article. J'y renvoye le lecteur, au tom. 1. chap. 10. p. 103. il y trouvera des anecdotes très-intéressantes sur cette femme illustre; la peindre, c'est la louer. Les éloges que M. Gibbon lui donne, sont un hommage qu'il aime à rendre à sa vertu et à ses qualités éminentes. Après qu'un long tems s'est écoulé, on doit croire fidèle le portrait que trace un amant malheureux, de celle qu'il a aimée.

ADÈLE DE SÉNANGE ET ÉMILIE ET ALPHONSE.

Les dénominations générales trompent et font souvent qu'on ne s'entend pas. Sous celle de Romans, on comprend une immense quantité d'ouvrages d'espèces différentes, et qui sont même opposées. Quel rapport entre les célestes compositions de Richardson, et les écrits frivoles et licentieux de Crébillon ? Cette partie de la Littérature est une mine abondante, d'une exploitation trop facile, dont la médiocrité et le vice ont souvent abusé, et dont ils ont tiré une multitude de productions dangereuses, ou plates et futiles; mais que le génie et la vertu s'en emparent, les Romans deviendront extrêmement utiles, et s'éleveront presque à la hauteur du poëme.

Un Roman bien fait, est un traité de Morale, auquel on a prêté des graces et donné un vif intérêt; mais les jours où nous sommes, n'en offrent pas de sujets. Comment peindre des mœurs, quand il n'est plus de moralité ? Ce n'est pas lorsque les fleuves débordés portent loin de leurs lits des ondes dévastatrices, qu'on peut en dessiner les rives ; de même dans les jours où les passions, sans digues, s'épanchent en torrens furieux et n'ont plus de nuances, il faut que les Romanciers remontent à des tems antérieurs, nous ramènent des souvenirs, et retournent à la peinture d'un monde qui a disparu. Leurs ouvrages, s'ils ont le mérite qu'ils doivent avoir, peuvent être comparés à des statues de Phidias, retrouvées dans les décombres de la Grèce. L'auteur d'Adèle de Sénange et d'Émilie et Alphonse, justifie cette comparaison. Dans le premier de ces ouvrages, c'est un talent bien suprême, d'avoir choisi un sujet entiérement simple, d'avoir su lui conserver toute sa simplicité; point de complication, pas un moyen qui ne soit dans le cours le plus ordinaire des choses. Le Roman de Mde. de Flaau n'a que trois personnages, un vieillard très-décrépit, très-riche, très-bon, très-aimable encore, *qui n'a jamais fait de mal à personne*, qui toujours a redouté le mariage, et qui, par générosité, s'y détermine dans les derniers jours de sa vie, pour arracher au cloître un enfant, une victime charmante que la dureté, l'ambition, l'avarice d'une marâtre vouloit y engloutir; cet enfant, que des bons-bons, des paroles douces, des caresses attachent au vieillard, et qui l'épouse sans déplaisir, un jeune Anglais d'un très-beau nom, d'une grande opulence, qui, par une occasion très-naturelle, préserve la jeune personne d'un grave accident dans son trajet du Couvent à la maison maternelle. Voilà les acteurs de ce drame.

Chaque jour, l'épouse de quinze ans, plus reconnoissante, plus sensible, sans être moins étourdie et moins vive, s'attache davantage à son vieux époux, et chaque jour l'époux-père aime mieux l'aimable enfant qui ranime ses vieux jours, invente, rassemble tous les moyens de multiplier pour elle les innocens plaisirs. Le jeune Anglais, aimable, quoique sérieux, avec des principes un peu sévères, n'en est que plus fait pour intéresser, et plus capable d'aimer. C'est comme un fils que M. de Sénange le voit, c'est comme un frère que Mde. de Sénange le regarde. Dans une maison vaste et commode, à Neuilly, sur les belles rives de la Seine, ils vivent dans la retraite et non dans la solitude. Mylord Sydenham & la jeune Adèle s'y font des occupations variées et douces, dessinent, font de la musique, ne connoissent pas l'ennui, et trouvent, dans les tendres soins qu'ils rendent à l'excellent vieillard, la satisfaction la plus pure et la plus vraie.

Long-tems, ils ne se croyent que frère et sœur, n'éprouvent que les sentimens de l'amitié ; mais enfin, leur cœur s'éclaire, ils découvrent que l'amour y régne ; mais cet amour est plus tendre qu'impétueux et profond. Ils sentent, que la raison peut le maîtriser ; cependant, le vertueux Lord s'en effraye ; il craint de ne pas toujours le dominer ; et son ame délicate et pure, le détermine à s'éloigner. Il n'en est pas le maître ; des obstacles très-naturels, très-puissans, et sur-tout la volonté irrésistible de M. de Sénange, auquel il est devenu absolument nécessaire, l'en empêchent. Sans ingratitude, sans le rendre très-malheureux, il ne peut l'abandonner. Il reste donc, et, malgré leur passion, jamais ils n'auront la pensée d'offenser M. de Sénange. Il trouvera toujours dans le Lord Sydenham, le cœur d'un fils ingénieux, délicat et sensible, et il sera toujours l'objet des plus tendres affections d'Adèle. Elle conserve ses premières inclinations. Les Religieuses qui l'ont élevée, les compagnes de son enfance ne cessent de lui être chères ; elle va les visiter souvent et trouve au milieu d'elles de véritables jouissances. Elle se mêle à leurs jeux avec la même simplicité, la même candeur qu'elle avoit lorsqu'elle étoit pensionnaire avec elles. Une brèche se fait à la clôture du Monastère, et permet aux hommes d'y pénétrer. Adèle y conduit le Lord, et tandis qu'elle revient avec ses compagnes aux amusemens de son enfance, il écoute avec le plus grand intérêt l'Abbesse, femme très-éclairée, très-bonne. qui lui fait connoître le régime et tous les détails de cette maison. Le compte qu'il en rend à son correspondant, est un morceau du premier mérite. Il est bien opposé à ces satyres injustes, que l'on a trop souvent fait de la vie religieuse. Dans l'Abbaye qu'il examine, il voit sous une régle sévère, mais sans dureté, l'ordre régner par-tout, le calme sur tous les visages, la paix dans tous les cœurs; ils sont animés de la charité la plus douce, la plus active, toujours occupée à soulager les maux, souvent à les prévenir, à répandre les consolations quand elle ne peut donner d'autres secours, à se rendre la bienfaitrice de toutes les situations et de tous les âges. Cette charité sans faste, est encore plus aimable par la simplicité, la gaieté qui l'accompagne. Ce tableau si pur, si parfait, force à regretter des établissemens qui, malgré les clameurs et les sarcasmes de la calomnie, prouvoient le bien que les institutions monastiques faisoient, quand les lumières, la vertu et la Religion les dirigeoient.

A

A la fin de cette journée, si bien remplie pour Adèle par ses jeux, pour le Lord par ses observations, ils retournent dans leur habitation tranquille, et continuent leurs soins au bon, à l'excellent M. de Sénange; ils l'intéressent, l'attendrissent encore; mais ils ne peuvent plus l'amuser ni le distraire : il sent ses derniers momens approcher; une attaque foudroyante d'apoplexie le frappe, on n'en espère plus; cependant, il paroît avoir un retour vers la vie. Sa raison revient, il en profite pour faire l'acte le plus digne de son cœur; il avoit lu dans celui de l'aimable et sensible Adèle, dans celui du Lord, devenu pour lui le plus tendre des fils; et s'il avoit pénétré leurs sentimens, il en avoit aussi vu la pureté: il les appelle. Tous deux à genoux vers son lit, se noyent dans leurs larmes; cependant avec un accent attendri et éteint; il leur parle, il en exige un serment. Ce serment est de s'aimer toujours, et de s'unir un an après sa mort; ils le prononcent d'une voix étouffée par les sanglots. Accablés par la douleur présente, ils sont loin de songer au bonheur qui leur est assuré dans l'avenir. M. de Sénange retombe, et termine enfin une longue carrière toute remplie par le soin de faire des heureux.

C'est avec ces moyens peu nombreux et très-simples, que Mde. de Flaau est parvenue à faire un chef-d'œuvre : il ne faut à un bon Artiste que cinq ou six couleurs pour créer un excellent tableau ; un mauvais peintre en surcharge sa palette et barbouille.

L'auteur d'Adèle a pris une autre marche dans Émilie et Alphonse. Elle semble avoir eu deux objets ; de retracer le ton qui régnoit dans les sociétés qu'on appelloit *la bonne compagnie*, et de peindre les passions dans toute leur énergie ; et parvenues à tout leur excès, elle a parfaitement rempli ce double but. En lisant son ouvrage, on se retrouve au milieu de ce monde élégant, trop souvent vicieux, et à la corruption duquel nous devons principalement nos maux : avec quel art, quelle finesse, quelle connoissance du cœur elle a peint l'amour exerçant son empire sur des ames sans défiance et extrêmement sensibles ; quelle force, quelle vigueur n'ont pas les tableaux qu'elle trace des malheurs dans lesquels ils les précipitent, ils déchirent ! Crébillon n'est pas plus tragique. Souvent par un trait, par un mot, elle fait connoître un caractère ; dans ses descriptions de la Nature, elle lui conserve sa fraîcheur, sa richesse, ses graces et ses attraits ; dans les lieux où elle se montre sévère, forte, imposante, sombre et terrible, elle la peint avec des couleurs aussi fortes, aussi sombres qu'elle; jamais plus que cet auteur, on n'a eu le droit de dire *ed io anche son pittore*. Nous seroit-il permis de l'inviter à se livrer à des compositions plus étendues, à suivre la carrière ouverte par Richardson? nos ames ont si grand besoin de nourriture et de consolations!

On peut reprocher, sur-tout dans le troisième volume, à l'auteur d'Emilie et Alphonse, des invraisemblances, et d'amener par des moyens peu naturels, des situations qui, à la vérité, maîtrisent tellement l'ame, que ce n'est pas pendant la lecture de l'ouvrage que la critique survient. On s'attendrit, on pleure, on est entraîné, et l'on ne fait des observations que lorsque le livre est fermé; cependant, ce qui n'est que rigoureusement possible, n'est pas vrai dans le cours ordinaire des choses; et l'auteur a trop de talent, pour avoir besoin de recourir à des ressources forcées : sans elles, il saura produire les plus grands effets, et sera plus près encore de la perfection.

Si l'on m'accuse de m'être trop arrêté aux Romans de Mde. de Flaau, je reporterai l'accusation contre elle. Pourquoi m'a-t-elle tant retenu, tant charmé? Quitte-t-on comme on veut les tableaux du Guide et de l'Albane?

LETTRES DE JULIE À OVIDE.

JE demande aux femmes qui se proposent de faire un heureux choix de livres, une place diſtinguée sur leurs tablettes; elles en seront récompensées; c'est pour les *Lettres de Julie à Ovide*. Ces Lettres, écrites avec beaucoup de grace et la plus grande pureté, comme celles de Pline le jeune, peuvent servir de modèle; elles ont tout le piquant de l'esprit, sans jamais en avoir l'abus. La cour d'Auguste, si spirituelle, qui réunissoit tant d'hommes d'un génie, d'un caractère, d'un mérite si différens, y est peinte avec autant de vérité que Mde. de Sévigné peignoit celle de Louis XIV; mais non pas avec le même pinceau. Mde. de Sévigné, dans l'abandon de l'amour maternel, avec son ame laissoit aller sa plume. Julie guidoit la sienne, elle songeoit qu'elle écrivoit à Ovide, le Poëte le plus ingénieux, le plus bel esprit de Rome; et cependant se préservoit de ses défauts et ne s'écartoit point du naturel.

Tacite devoit saisir tous les grands traits du caractère de Tibère, pour en tracer l'horrible portrait; Julie a dû n'en présenter que les nuances. Souvent une de ces nuances suffit pour faire parfaitement pénétrer un homme dissimulé, sombre, et dont toute la méchanceté n'est pas connue encore.

Les *Lettres de Julie* ont eu beaucoup d'éditions, et se trouvent dans plusieurs recueils; cependant, l'auteur n'a pas de célébrité. La raison en est bien simple: on n'a jamais pu vaincre sa modestie et forcer cette femme si ingénieuse, si aimable et si douce à avouer son ouvrage; son secret n'étoit connu que de son fils et de deux ou trois amis : ce fils le révèle, bien assuré qu'il rend service à sa mémoire. Que de larmes il a versé sur cet écrit charmant! Combien n'en verseroit-il pas encore, s'il ne voyoit que le jour est prochain où il rejoindra la plus aimable, la plus aimée des mères! elle est morte entre ses bras, avec les sentimens de la piété la plus tendre, au château de Condé, maison de campagne de l'Evêque d'Évreux, son beau-frère. Sa demeure étoit Nancy, ville d'un ton bien différent, et très-supérieure à la plupart des villes de province. Peu riche, cependant sa maison y réunissoit la meilleure compagnie, et les personnes accoutumées aux plus excellentes sociétés de Paris, ne croyoient pas avoir changé de place. Sa mort a laissé dans cette ville un grand vide, y a été suivie de longs regrets, après avoir fait couler bien des pleurs. (*)

(*) C'est chez ma mère que j'ai fait connoissance avec M. de St. Lambert, M. le Chevalier de Boufiers, M. Cerrutti, alors Jésuite, et un autre Jésuite, de l'une des plus anciennes familles d'Ecosse, le P. Leslie, homme de génie sans goût et sans graces. Après avoir été protestant, catholique, comme l'étoient les Apôtres, poëte comme les Bardes, et aussi décousu, aussi incohérent qu'eux, tolérant, quoique plein de zèle, et animé par la charité la plus tendre et la plus active, il considéroit Nancy comme l'Athènes moderne; la modeste Académie de cette ville étoit le Lycée pour lui, et il regardoit la maison de ma mère comme celle d'Aspasie. Des ames de cette énergie ne sont pas inutiles, il ne faut pas les éteindre.

Si cet ouvrage a des lecteurs, je le sais, ils sont en droit de me dire, *qu'est-ce que tout cela me fait?* rien, ou peu de chose; mais je ne prétends pas faire un livre, je n'en suis pas capable. Sourd, malade autant qu'on peut l'être, banni, dans la pauvreté et presqu'entiérement solitaire, je n'ai plus de confident que mon papier; à mesure qu'ils renaissent, je le fais dépositaire de mes souvenirs, de mes pensées et de mes sentimens; je laisse errer mon cœur et ma plume; c'est ma dernière et unique consolation; voudroit-on me l'envier?

CAROLINE DE LICHTFIELD.

JE finis cette notice par un ouvrage d'imagination, l'un des plus parfaits, je crois, de ceux qui sont sortis de la plume des femmes; et, si l'on en excepte les grandes compositions, comme Clarisse, Grandisson, la nouvelle Héloïse, Cleveland, Dom-Quichotte, les femmes nous sont bien supérieures en ce genre.

Caroline de Lichtfield, d'une utilité bien plus générale que les meilleurs Moralistes, que Nicole lui-même,(*) ne se contente pas de nous

(*) Je sais que les esprits timides et routiniers ne me pardonneront pas cette assertion, et crieront au blasphême; cependant, il est très-vrai que, malgré tout son mérite, le froid Nicole a peu de lecteurs, et que pour le lire il faut de l'effort et du courage. Fénelon, Richardson étoient de bien plus grands Maîtres dans l'art de diriger le cœur humain; ils savoient qu'il faut toute la force d'Hercule pour pouvoir se passer de la parure des graces; qu'on me le dise! La Morale, revêtue des riches et véhémentes couleurs de Paul et Virginie, n'aura-t-elle pas un bien autre empire, ne pénétrera-t-elle pas mieux dans les cœurs, n'en deviendra-t-elle pas plus la maîtresse que si,

offrir la morale la plus pure, de prouver combien elle est nécessaire ; elle la pare de toutes les richesses de la sensibilité, lui donne l'attrait le plus puissant ; elle nous charme pour nous attacher. Elle peint l'Amour ; mais quel

---

contente de s'offrir dans toute sa vérité, dans toute sa pureté, dédaignant des ornemens presque toujours nécessaires, elle reste froide et inanimée ? Sans doute, une esquisse du Carrache ou du Poussin a plus de mérite véritable que le tableau d'un Maître inférieur ; mais, avec des couleurs, celui-ci produit un bien plus grand effet, du moins sur la multitude : cependant, c'est cette multitude qu'il faut conduire à la vertu, et l'on n'y parviendra qu'en applanissant, qu'en embellissant les routes.

Sai, che là corre il Mondo, ove più versi
Di sue dolcezze il lusinghier Parnaso ;
E' che'l vero condito in molli versi
I più schivi allettando ha persuaso.
Così all'egro fanciul porgiamo aspersi
Die soave licor gli orli del vaso :
Succhi amari, ingannato, in tanto ei beve,
E dall' inganno suo vita riceve.

Ger. lib. Can. pri.

L'homme court s'enivrer des mensonges du Parnasse ; la vérité parée des graces de la Poésie, entraîne et subjugue les cœurs les plus rebelles. Ainsi, nous présentons à un enfant malade, les bords abreuvés d'une douce liqueur, heureusement trompé, il boit les sucs amers et doit la vie à son erreur. *Traduc. de M. Le Brun.*

Amour? celui que la Nature inspire, celui que l'hymen demande, et qu'il récompense si bien quand il peut l'obtenir. Il lui donne l'intérêt, l'investit du bonheur qui n'accompagne jamais l'amour que les seules passions produisent; les vertus les plus essentielles, les plus nécessaires, celles qu'on doit préférer, ce sont les vertus domestiques; c'est à ces vertus qu'elle nous rappelle; c'est dans l'esprit de famille qu'elle nous apprend à chercher la félicité de tous les jours, l'intérêt de tous les momens. Ces déjeûners que les parens vénérables, que l'époux, l'épouse bien unis et leurs enfans font ensemble, comme elle les anime, comme elle sait y répandre les charmes d'une gaieté douce, et y faire sourire le sentiment! (*) chaque instant est employé pour l'agrément de chacun et pour la satisfaction de tous. C'est principalement à la campagne qu'elle place les scènes, parce qu'à la campagne l'homme reste plus en lui-même, conserve davantage ses inclinations

---

(*) Je sais qu'il est peu de ces déjeûners dans Caroline; mais la richesse de Mde. de Montolieu n'est pas dans un seul diamant, son écrin en renferme plusieurs; et dans ses ouvrages manuscrits, il est plusieurs déjeûners tels que ceux que j'indique. Je ne suis pas journaliste, mon but est moins de caractériser les ouvrages que les auteurs.

natives, a des mouvemens plus vrais, des passions moins distraites, des sentimens plus prononcés, plus énergiques, plus tendres et plus forts. Dans la partie pittoresque de son ouvrage, quel talent cet auteur ne découvre-t-il pas? elle ne décrit pas les sites, elle les montre. Sans s'écarter de la Nature, elle crée des paysages qu'elle rend tantôt terribles & tantôt enchantés; elle les met toujours en harmonie, ou, pour produire plus d'effet, en contraste avec les affections de l'ame : quel parti elle tire d'un champ de fleurs, d'un buisson de roses, d'une forêt ténébreuse, ou d'une roche escarpée et mousseuse! Mais pour analyser ses tableaux si divers, il faudroit sa plume-pinceau.

Je ne crains pas de le dire, elle sera coupable, si elle refuse de donner des frères ou des sœurs à Caroline; le public les lui demande, et la vertu l'en sollicite : il est peu de peintres qui la rendent aussi touchante, aussi belle; Mde. de Montolieu a sa palette dans son ame. Ah! que ne m'est-il permis de l'offrir pour exemple du parti que la vertu tire de l'instruction et des talens! A tous les charmes de l'imagination, elle réunit toutes les richesses du sentiment. Quelle amie, quelle mère, quelle épouse, quelle épouse!

Les vers suivans ont été adressés à Mde.

de Montolieu, le I de l'an 1800. Ses parens, ses amis, ses sociétés, même ses simples connoissances n'y trouvent point d'exagération.

Un nouvel an succéde aux ans qui ne sont plus.
Mais que te font les ans, ô sublime Isabelle !
Laisse le sable au tems, compte par les vertus;
Les talens, les vertus te rendent immortelle.

Si l'on recommandoit pressamment l'instruction aux femmes en 1784, combien plus fortement ne doit-on pas la leur recommander aujourd'hui ? Toutes les circonstances sont changées, et toutes sont devenues défavorables pour elles. Les liens sociaux sont rompus. Autrefois, les femmes de chaque classe se connoissoient, avoient des rapports ; et, quand elles avoient passé l'âge des plaisirs, elles s'entr'aidoient à supporter leur longue existence. Un souper, un *cavagnole* aigre et triste, un *lotto* les rassembloient et donnoient du moins quelque variété à leur ennui. Soit par leurs liaisons, soit par leurs parens, soit par leur fortune, soit par elles-mêmes, elles conservoient une considération qui les empêchoit de tomber dans l'abandon et d'être accablées du poids de la vie: mais aujourd'hui, il n'est plus de famille, plus de soutiens. A Paris, dans les grandes villes de France, les places et les richesses sont entre les mains d'étrangers qui ne se connoissent point ; un moment ils les possédent, dans un moment ils ne les auront plus ; une secousse les amène, une secousse les renvoye, sans qu'on sache ce qu'ils deviennent. Les femmes devroient observer davantage, et voir combien leurs maris sont loin d'être inamovibles ; cependant, au lieu de juger par la disparution de tant de directrices, de femmes de ministres, et de ceux qui ont été revêtus des premiers et des plus lucratifs emplois de la République, que la leur sera vraisemblablement très-prochaine ; elles croient que la fortune, constante pour elles seules, ne les abandonnera jamais, et se livrent éperdument à un luxe sans goût, sans graces et effréné. Nullement préservées par l'éducation, elles sont bien étrangères à leur position nouvelle ; enyvrées par leur opulence, elles en font le plus coupable abus. Sans liaisons, puisqu'elles ne connoissent personne, elles trouvent la foule sans société, le bruit, le mouvement, la licence sans plaisirs, et recueillent le mépris. Elles jettent l'or et propagent le vice ; leur ton est celui que naguères encore les jeunes libertins n'auroient pas osé se permettre. Leurs vêtemens, qui ne les couvrent ni ne les parent, sont l'affiche du désordre ; les courtisanes auroient rougi d'en porter de semblables. Du moins, si ces maisons d'éducation, ces couvens qu'on a tant satyrisés et qu'à présent sur-tout, on ne sauroit trop regretter, subsistoient encore, ils les délivreroient de l'embarras que leur donnoient leurs filles, elles ne seroient pas obligées de les abandonner à des domestiques trop souvent pervers, ou de leur faire partager leurs licentieux plaisirs, et de les faire boire dans la coupe du vice, avant même qu'elles en puissent goûter les attraits. A quelle école les mères de familles se préparent! Ces scandaleux exemples, qui n'ont pas encore corrompu les femmes dans les provinces, et qui cependant pourroient bientôt les corrompre, si elles n'étoient pas préservées par l'extrême modicité de leur fortune, sont infiniment nécessaires à réprimer; mais le seul secours des livres seroit bien foible, contre une impulsion devenue beaucoup trop forte : d'ailleurs, il est à croire que peu de ces dames ont l'habitude de la lecture. Ce n'est pas parmi elles qu'il existe des Beauharnois, des du Bocage, des Condorcet, des Flaau, des Riccoboni, des Pastoret, des St. Léon et des Stael; il faut donc que le Gouvernement, heureusement devenu éclairé et fort, employe toute sa puissance pour ramener l'ordre et la décence, sans lesquels un peuple ne peut avoir aucune considération, jouir d'aucun bonheur, et marche rapidement à sa honte et à sa ruine : ses moyens paroissent sûrs et faciles. Que le premier Magistrat de la France, aussi respectable par ses mœurs sévères et pures, qu'étonnant par la réunion de ces qualités si rares, qui placent un homme au-dessus de tous les autres, flétrisse de son mépris les excès et la dépravation ; qu'il repousse loin de la sienne les femmes qui, sans respect pour leur sexe, s'y livrent sans retenue et répandent la confusion ; qu'il engage les Ministres, les Sénateurs, ceux qui occupent les premières places, à montrer dans leurs maisons des modèles de raison et de sagesse ; les exemples qu'ils donneront influeront sur toute la France : quoique plus lentement que le mal, le bien aussi est générateur.

Après les épouvantables déchiremens qu'ont éprouvés les Français, la misère où on les a réduits, l'abjection dans laquelle on les a plongés, après qu'on leur a fait perdre ce sentiment d'honneur qui les distinguoit parmi toutes les Nations, et la moralité qui leur restoit encore, après des jours plus affreux que les derniers jours de la République Romaine, après le régne de tous les vices, le régne d'Auguste leur étoit dû, ils peuvent l'espérer et l'attendre; mais ce ne sera pas assez que le temple de Janus soit fermé, que les Loix reprennent leur empire, que les Sciences, les Lettres et les Arts soient protégés, il faut sur-tout que les mœurs soient rétablies et en partie créées; (*) mais pour y parvenir sûrement, une forte alliance, une alliance indissoluble avec la Religion est nécessaire. (†)

(*) Les mœurs des Français ont toujours été vacillantes, incertaines et peu prononcées dans leur état tranquille; ils ne sont que ce que sont leurs chefs et quelques hommes qui les dirigent, ou les égarent, veulent qu'ils soient : de tous les Peuples, ils sont celui qui a le moins de caractère national, et qui, ayant produit le plus d'hommes estimables, mérite le moins d'estime.

(†) Comme on la calomnie cette Religion conciliante et paisible, quand on l'accuse de troubler l'ordre civil, et de ne pas adhérer aux loix! Sans doute, elle n'a pas d'autres dogmes que ceux qui sont dans l'Evangile : eh bien! qu'on l'ouvre cet Evangile, et l'on verra si le respect pour les puissances, l'entière soumission à l'ordre établi n'y est pas cent fois commandé. Ce précepte, dans les Républiques comme dans les Monarchies, est sans cesse prêché par les Ministres du culte, et scrupuleusement pratiqué par les vrais fidèles. Ce ne sont point les Chrétiens qui ont tout renversé, tout détruit; le Peuple le plus religieux de l'Europe, avant la révolution de la Suisse, étoit aussi le plus démocrate, les habitans des petits Cantons.

De concert avec elle, la protégeant, et protégé par elle, le Gouvernement parviendra aux réformes les plus importantes, aux changemens les plus heureux : rendu stable, comme la sagesse et le besoin de calme le font désirer, il fera coïncider tous les moyens. Les Prêtres, dans les chaires évangéliques et dans les exhortations particulières, les Ecrivains dans leurs livres, les Romanciers dans leurs compositions morales et touchantes, les Poëtes sur la scène car, malgré leurs inconvéniens extrêmes, il faut laisser leurs théâtres aux peuples corrompus, et la puissante influence de l'exemple offert par les Magistrats suprêmes, rameneront les Français à la soumission, à l'amour de l'ordre, au sentiment, à la décence, leur donneront de l'intérêt pour la chose publique, les rendront citoyens au lieu d'esclaves qu'ils étoient sous les différens chefs de la prétendue République, et de sujets absolument dépendans de la volonté arbitraire, qu'ils étoient sous la domination des Rois. Leurs arts sont perdus, leurs manufactures détruites, leur commerce anéanti, leur numéraire épars dans le reste de l'Europe; il faut donc, pendant longtems, qu'ils se soumettent, et peut-être pour leur plus grand bonheur, s'ils savent le connoître, à devenir comme l'étoient les Polonois, mis, un peuple entiérement agricole, alors, le Gouvernement devra leur porter tous les secours des instructions morales et des lumières morales, leur inspirer le goût de la campagne, leur apprendre à connoître les douceurs de la vie domestique, quand l'union régne entre tous les membres d'une famille, et quand le même intérêt les anime. Par la douce voix de la persuasion, c'est principalement sur les femmes qu'il doit agir; par le moyen d'écrits intéressans, il leur fera connoître, aimer les mœurs simples et presque toujours sentimentales des familles Anglaises, Américaines et Suisses. Ah, qu'il est doux, dans son père, dans sa mère, dans sa femme, dans son époux, dans ses enfans, dans la société facile et sûre de quelques amis, de trouver l'objet de ses plus tendres affections! Elles verront, dans les tableaux qui leur seront offerts, combien la vie intérieure doit avoir d'attraits; ces tableaux, qui sauront leur plaire, peut-être enfin, voudront-elles les réaliser; elles aimeront à sentir combien *c'est un joli moment que celui du déjeûner de famille. Après un sommeil qui calme les inquiétudes de l'esprit, on est plus disposé à se plaire, à se communiquer.* (*)

(*) Henriette et Emma, ou l'éducation de l'amitié, par Mde. Cazenove d'Arlens.

Qu'on parvienne, avec plus d'instruction, à rendre les Françaises ce qu'elles étoient avant le régne de François premier, qui, en les détournant de la vie de famille, a détruit les vertus domestiques et perverti les mœurs publiques; qu'on les rende ce qu'elles sont en Allemagne, en Angleterre, chez les Américains, et nous trouverons dans nos ménages la paix et le bonheur; et le Gouvernement sentira combien il est plus facile de régir un peuple sensé, tranquille, doux, aimable, moral et religieux, qu'un peuple sans principes, sans morale et sans Religion.

FIN DU PLAN DE LECTURE.

VOYAGE
AU PAYS-DE-VAUD.

AVIS.

Ce Voyage n'a pas le moindre rapport avec l'écrit qui le précéde, et l'on ne doit pas s'attendre d'y trouver cette facilité aimable, ces plaisanteries ingénieuses et cette gaieté piquante dont Chapelle et Bachaumont ont laissé un si heureux modèle. On n'y trouvera pas davantage cette originalité, cette sensibilité exquise et naïve, ces tournures inattendues et toujours heureuses, cet accent si pénétrant du Voyage Sentimental de Sterne. Pourquoi donc, *me dira-t-on,* l'imprimez-vous? *Pour satisfaire mon cœur, pour jouir plutôt de ma reconnoissance, pour offrir promptement un hommage de ma sensibilité aux personnes de qui j'ai reçu des marques si touchantes d'intérêt, qui m'ont accueilli avec tant de bonté. Qu'il n'obtienne que peu ou point d'approbation hors du Canton Léman, rien ne me semblera plus simple et plus juste; mais hors de ses bornes, qu'il ait des critiques durs et austères, cela ne me le semblera pas autant: cependant,* il s'en présentera, gardez-vous d'en douter. (*) *Déja j'apperçois le tyran d'un petit cercle, dont il n'est pas aimé, sécouer la tête, hausser les épaules et prononcer souverainement que mon petit ouvrage est pitoyable. Je ne m'en plains pas, mais je le plains: celui que l'éloge d'autrui blesse n'est pas heureux.*

Pour apprécier ce petit écrit, il faut entrer dans les motifs qui l'ont fait composer; ils doivent m'obtenir de l'indulgence et faire penser, que s'il ne mérite pas de louanges, il ne mérite pas non plus d'être trop sévérement jugé.

(*) Volt. Tancrède.

ÉPITRE DÉDICATOIRE

AU

CITOYEN D'AMANDRE

JE vous offre, mon vertueux Ami, une bagatelle, non pas pour prix des services essentiels et nombreux que vous m'avez rendus, et de l'intérêt vif et continué que vous m'avez marqué : ils ne peuvent en avoir; mais je fais naître une occasion de vous assurer de ma tendre, de ma profonde reconnoissance. Jouissez, mon Ami, et faites jouir pendant de longues années de ces vertus qui vous ont rendu le bienfaiteur de tant d'infortunés aidés, soutenus par vous contre l'injustice et l'atrocité des hommes barbares; elles feront vivre votre nom aussi long-tems que les Monts qui donnent le leur au Département que vous habitez.

VOYAGE.

De vos traits primitifs n'effacez pas les traces ;
Ils ont assez perdu de leur austérité.
Puissiez-vous les transmettre à la postérité,
Tels que je les ai vus, embellis par des graces
Qui n'en altéroient point l'originalité.

Epit. manusc. du Gén. Montesquiou, au Lac de Genève.

C'EST dans les contrées où les animaux les plus vénéneux existent, que croissent les plantes les plus salutaires ; c'est aussi dans les lieux où les plus grands crimes se commettent, où le vice se montrant dans toutes ses variétés, ne daigne plus employer le moindre déguisement et s'énorgueillit, pour ainsi dire de lui-même, qu'on voit les dévouemens les plus généreux, les vertus les plus touchantes, la pitié qui plaint et qui console, la douce humanité, la charité active et tendre qui, par les soins qu'elle donne, les secours qu'elle porte, les bienfaits qu'elle répand, trouve la clef du ciel sur la terre.

Le dix-huit Fructidor, le jour le plus affreux

de la Révolution, d'une funeste lueur éclaira les Français. Ceux que l'espoir du retour de l'équité avoient ramené dans leur patrie, une multitude qui n'avoient jamais quitté leurs foyers, également frappés par d'atroces décrets, sans moyens, sans argent, dénués de tout, certains de ne point trouver d'asile, furent forcés d'errer sur des terres étrangères. Sur leur front étoit écrit ce mot terrible, RÉPROBATION; et de par-tout on les repoussoit.

Porté sur une liste d'émigrés, ses horribles loix pouvoient m'atteindre; mais une loi plus forte, celle de la nécessité, m'y soustraisoit. Depuis quelque tems, habitant la Commune-chef-lieu du Jura, j'y menois une vie de langueur, de souffrance, une vie absolument mourante. L'Administration d'alors, non sans humanité, dirigée par un homme fort de caractère, riche de lumières, et d'une grande équité, bien sûre que je n'avois pas émigré, jugeant même que je ne devois pas être l'objet de ces abominables décrets, et voyant mon état de décrépitude, de foiblesse et de misère, me toléra et me laissa végéter et pâtir dans le lieu que j'avois choisi pour ma retraite. Peu consolés, mais tranquilles, mes jours y couloient dans la paix, quand de nouveaux Administrateurs remplacèrent ceux qui n'avoient pas été barbares. Les jacobins les avoient choisis, ils ne pouvoient pas en trouver de plus dignes de seconder leur rage. Ils se déterminèrent à m'envoyer à Besançon, pour y être jugé par le Tribunal Militaire; je n'aurois rien fait pour l'empêcher. Parvenu à l'apogée des misères humaines, un dénouement, quelque affreux qu'il dût être, ne pouvoit m'effrayer; les personnes de ma connoissance voulurent qu'il fût retardé, et je ne m'y suis point opposé. Elles m'ont fait partir dans une détestable voiture, la seule qu'on ait pu trouver, à dix heures du soir, par une nuit déja froide, noire et pluvieuse; mon bon domestique, mon fidèle Laurent étoit avec moi; il souffroit de mes douleurs presque autant que moi-même; les cahos m'en causoient d'affreuses. Enfin, après 5 ou 6 heures de marche, à la suite d'une fatigue que je n'aurois pas pu supporter davantage, nous arrivâmes à une forge où nous étions attendus; je sentis bien le bonheur de trouver un excellent lit.

Un sommeil long et profond ranima un peu ma foiblesse, et le lendemain me fit mieux sentir ma fatigue. Nos fenêtres ouvertes, je vis un site moins brûlant, mais aussi affreux que les solitudes de la Thébaïde; des roches suspendues, un torrent bouillonnant sur des cailloux, des sapins toujours verds et toujours sombres, composent ce paysage; cependant, la plus petite parcelle du terrein avoit été ménagée. On avoit profité de quelques crevasses, de quelques veines pour y jetter des pepins de courge, des haricots et d'autres plantes grimpantes. Des chevrefeuils, qui charment également l'odorat et la vue, entrelacent les arbres les plus prochains, et, même sous les fenêtres du sallon, on a su former un jardin qui fournit des légumes et fait croître des fleurs. Partout, quand on le veut, on fait fleurir des roses. La main de l'homme imprimée sur la Nature sauvage, et la forçant à produire, lui donne la conscience de sa puissance, élève, aggrandit sa pensée, et peut-être lui procure des jouissances plus vives que les sites les plus riches et les plus doux.

Midi alloit sonner. Je passai dans le sallon. On se peint difficilement la vertu ornée par les graces. Je croyois trouver une femme grave, simple, mise négligemment, entiérement à son ménage et principalement occupée des moyens de multiplier ses bonnes œuvres, en exerçant l'hospitalité; au lieu de cela, je vis Vénus au milieu des Cyclopes, ou plutôt, ne faisons point de bel esprit, c'est faire trop peu de choses; et Mde. *** mérite d'être peinte avec un pinceau simple et vrai, ou plutôt je vis une femme d'une figure très-agréable, qui avoit cette aisance que donne l'habitude de tenir une maison. Elle vint à moi, me prit la main et me plaça dans un très-bon fauteuil, à côté d'elle. On servoit le dîner. Elle ne voulut point établir de conversation; elle se contenta de ces mots qui ne font qu'empêcher le silence. Le dîner étoit simple, sans recherche, fort abondant et très-bon. Les convives peu nombreux, étoient modestes et honnêtes. Je craignis d'avoir été la cause de cette surabondance. *Non*, me dit-elle, *voilà mon ordinaire quand j'ai moins de douze personnes; quand j'en ai davantage, je fais ajouter quelques plats: je veux qu'ils soient bien accommodés, c'est peut-être une économie. Sujette par les rélations de mon commerce, à souvent avoir assez de monde, il faut bien que mon dîner soit fort; et je vous assure qu'on n'a pas mis un poulet de plus pour vous.* J'en fus bien aise; il m'étoit doux d'être traité comme la famille. La piéce où nous rentrâmes est sans luxe, et pourtant ornée avec goût Son père âgé déja, deux jolis enfans y rentrèrent avec nous. Quoique très-occupée de moi, elle ne les négligeoit pas. Mde. *** me parut également propre à diriger, pendant l'absence de son mari, les nombreuses affaires de sa forge, à présider à sa cuisine, et à recevoir dans son sallon.

La confiance est bientôt établie, quand d'un côté l'hospitalité est un effet de la sensibilité et non de l'amour-propre, et que de l'autre, la reconnoissance est vive, sincère et profonde. Dans peu de tems, nous nous connûmes autant, peut-être plus, que si nous avions eu des liaisons anciennes. Habitante de Paris pendant plusieurs années, elle y a vécu dans des sociétés très-bonnes. Elle en a le ton ; elle a apporté dans sa retraite les idées qui circulent dans la bonne compagnie, des talens et un grand goût pour les bons livres. Ils sont pour elle des ressources, remplissent les momens que n'emploient pas les soins qu'elle donne à son ménage et à sa famille, sont pour elle des distractions et des jouissances, et jamais des obstacles à des occupations plus importantes. Le grand nombre de services que cette famille hospitalière a rendus, lui a fait connoître beaucoup de personnages qui, après avoir été très-considérables, sont devenus excessivement malheureux. Ses rapports avec eux l'ont enrichie d'anecdotes souvent singulières, d'autres fois importantes, et sa conversation est d'un grand intérêt. Elle paroît préférer sa retraite au séjour des petites villes dont elle est voisine; elle a raison. Elle y reste ce qu'elle est, et dans ces villes elle seroit forcée d'être bien au-dessous d'elle.

Après vingt-quatre heures passées dans un séjour où mon esprit retrouvoit des idées et mon cœur des sentimens, je partis pénétré de la plus tendre reconnoissance. Ah ! puisse pour cette femme aimable et sensible, le plus parfait bonheur être le prix de tout le bien qu'elle fait !

Après avoir péniblement gravi les Monts, je parvins à un autre Thébaïde. Sur ce sol sauvage, de belles maisons s'élèvent; on voit le mouvement du commerce, l'activité de l'industrie, et tout annonce la richesse de ses habitans. Ils en sont bien dignes par l'usage qu'ils en font.

Les personnes à qui j'étois recommandé étoient absentes. Le père, la mère, leur fille faisoient un voyage d'agrément; mais leur fils, resté chez eux, me reçut comme ils m'auroient reçu eux-mêmes. Cet aimable jeune homme me conduisit dans un très-bon appartement, et me fit attendre patiemment le souper, ou plutôt avec toute la satisfaction que donne une conversation pleine d'intérêt et de charme. Il étonne, par l'étendue des connoissances que, très-jeune encore, il réunit. Il plaît par la facilité et le naturel avec lesquels il s'exprime, fetil attache par l'accent du sentiment qui accompagne ses discours. Il paroît avoir une ame très-aimante. Il est aisé de voir qu'il prépare aux Sciences et aux Lettres un homme distingué. Qu'il ne néglige pas ses dispositions, qu'il ne laisse pas ses talens inutiles! Il est beau d'éclairer les hommes, d'acquérir des lumières et de les répandre. Je souhaite qu'il les fasse luire au sein des Roches qu'il habite, et qu'il ne les porte pas dans des contrées éclairées déja. L'exemple d'une vie sage est le meilleur commentaire des livres; c'est préférablement au lieu où l'on est né, qu'on doit le donner.

Les parens, les amis de la famille de mon jeune hôte, au nombre de quatre ou cinq, furent pour le souper l'intéressante société qu'il me donna. La figure de chacun d'eux annonce le calme et montre le bonheur des ames accoutumées à faire le bien. La bienveillance s'y peint, et leur conversation en est le langage. Ce fut avec attendrissement que je quittai l'excellent jeune homme et ses parens. Ah! que ne puis-je leur offrir un solemnel hommage de ma vive reconnoissance! mais, tandis que le vice élève dans les airs sa tête arrogante et hydeuse, la vertu modeste, comme les douces primevères et les humbles violettes qui se cachent dans les buissons, cherche à se dérober à tous les yeux; cependant, son parfum s'exhale, monte au ciel et, malgré elle, la fait connoître.

Le Jura descendu, l'on entre dans la jolie ville de Nyon.

Quelquefois, il ne faut que traverser un fleuve, ou gravir une montagne pour trouver des usages, un esprit, un caractère et des mœurs entiérement différens de ceux du pays qu'on a quitté : la Béotie n'étoit séparée de l'Attique que par le mont Parnèthe.

Les ondes du superbe Léman baignent les murs de Nyon. Cette ville a du commerce; on y a établi une manufacture de fayence et de porcelaine; la fayence imite parfaitement la vaisselle agréable et propre que l'Angleterre fabrique, même les vases riches par leurs formes et par leurs couleurs, qui sortent de la manufacture de Welgewood : ses porcelaines sont absolument semblables à celles du fauxbourg St. Antoine.

On dit la société de Nyon très-aimable, très-douce et très-sûre.

On a observé, qu'il n'est point de ville de la Suisse française, même les plus petites, qui ne soit habitée par quelques personnages distingués, soit dans les Sciences et les Lettres, soit dans les Arts, soit par l'amour pour la vertu, souvent par la réunion de tous ces avantages. Ce phénomène n'est pas difficile à expliquer. (*)

(*) L'un des principaux vices des grands Etats, c'est qu'ils n'ont qu'une seule ville. Rome étoit le monde, et Paris est la France. Les Français veulent être asservis ; ils se laissent entiérement dépouiller par leur capitale, Paris envahit tout : les richesses de tous les genres s'y engloutissent, les lumières sur-tout. Séjour de la puissance, séjour de toutes les Autorités, tandis que cette ville usurpatrice s'empare de tous les trésors, de tous les talens, le reste de la France languit dans la misère, et reste dans les ténèbres. Cet inconvénient n'existe pas en Suisse, qui n'a point de métropole ; le bien s'y consomme sur le fond qui le produit ; aussi les lumières, sans y avoir moins d'éclat, sont répandues sur toute sa surface : il en seroit de même de nos Provinces, si nous le voulions.

Supposons que l'Auvergne, éternellement fière du génie de Pascal, soit encore habitée par son vénérable Évêque, (*) ce digne successeur de Massillon, dont la vertu imposante a forcé, pendant l'assemblée constituante, l'impiété au respect ; supposons que Thomas et Chamfort vivent encore, et qu'avec eux, M. l'Abbé de Lisle réside en Auvergne, n'est-il pas de toute vraisemblance, que leur génie influeroit sur leurs compatriotes, et qu'un pays que leur absence a laissé sans lumières, éclairé par leur présence, auroit eu des hommes qui auroient marché sur leurs traces ?

(*) M. de Bonnal.

Nyon doit être contente de son partage. M. Reverdy réside dans son sein. Voltaire disoit de lui : *l'on peut avoir autant d'esprit, mais on ne peut en avoir davantage.* L'éloge qu'en font ses compatriotes, est plus flatteur encore ; ils disent aussi de lui : *on peut avoir autant de sens et de raison, mais on ne peut en avoir davantage.* L'ami de Voltaire devoit être un homme d'infiniment d'esprit; celui de M. Necker, doit être un homme vertueux.

Dans la matinée qui suivit le jour de mon arrivée à Nyon, M. Necker me fut annoncé ; je rassemblai mes forces mourantes pour aller à lui. Avec quelle ardeur je me jettai dans ses bras! avec quelle tendresse je le pressai dans les miens! Retrouver un grand homme, quand on avoit perdu toute espérance de le revoir, est pour celui qui sait admirer, fortement aimer, et qui est pénétré d'un vif enthousiasme pour le génie qui a voulu, mais trop en vain, vouer son tems, son travail, les plus hautes conceptions au bonheur d'un grand Peuple, est un des momens suprêmes de la vie. Avec quelle plénitude j'en jouis! combien il me fut doux de voir que cet homme, auquel dans les circonstances diverses j'étois également resté attaché, ne m'avoit point oublié! Il ne me proposa point de le suivre à Coppet.

Coppet. Il savoit que mon fils qui, conjointement avec lui, m'avoit obtenu une tolérance du Gouvernement Helvétique, aussi humain qu'alors celui de France l'étoit peu, pour résider sur son sol hospitalier, me l'apporteroit dans la journée. Cette journée, elle devoit être remplie par les émotions les plus fortes ; elle me rendit un fils que les loix de Fructidor m'avoient enlevé ; elle me le rendit tel que je le désirois depuis si long-tems. Ah ! tant qu'on vit, il peut y avoir des momens d'un véritable ravissement pour l'ame.

Le lendemain, mon fils et moi, nous partîmes pour Coppet. Le sentiment nous y conduisoit, le sentiment nous y reçut. A notre arrivée, le visage de M. Necker, sur lequel se répandit la satisfaction la plus douce, sembloit dire, *voilà des gens faits pour m'aimer*. La prévention, l'envie le suivent encore dans sa retraite : la Philosophie, la Religion bien davantage, le mettent très-au-dessus d'elles. Il éprouve ce qu'ont éprouvé la plûpart des hommes supérieurs. Il est bien rare qu'ils jouissent sans contestation et tranquillement d'une gloire contemporaine.

De fortes émotions pour mon ame, et la fatigue causée par un trajet, quoique très-court, à mon débile corps, exigeoient du repos. On me conduisit dans un très-bel appartement; j'y trouvai un bon feu, un excellent fauteuil, des livres, toutes les recherches de l'amitié attentive et tendre.

Pouvant me traîner à peine, M. Necker ne permettoit pas que j'allasse le chercher dans son appartement; chaque matin il venoit dans le mien. Que de lumières il m'apportoit! que de souvenirs, trop souvent douloureux, nos entretiens nous retraçoient! Après une excellente conversation, dont la simplicité étoit l'un des mérites, il me laissoit attendre le dîner, avec des livres et davantage dans la méditation de tout ce que je voyois.

D'une fortune immense, il n'est resté à M. Necker que des débris. Ils lui suffisent pour entretenir une très-bonne maison, et pour porter aux infortunés de grands soulagemens. Indépendamment de sa bienfaisance habituelle, il a joint des secours très-considérables aux secours très-abondans que la charitable Lausanne a versé parmi les déplorables victimes de la fureur française, les trop malheureux Valaisans.

Ses domestiques très-anciens, sont presque tous au moins de son âge. D'anciens domestiques font la gloire du maître, et méritent eux-mêmes de l'estime et des éloges. Peut-être pourroit-on trouver qu'ils sont trop nombreux pour sa situation présente ; mais ce n'est pas pour lui qu'il les garde, c'est pour eux: d'ailleurs, il en est plusieurs de bien sacrés pour lui. Non, il ne devoit, il ne pouvoit pas se séparer de ceux qui étoient attachés au service de la plus tendre, de la plus vertueuse, de la plus excellente des femmes.

M. Necker, quoique sans faste, fait très-bonne chère; le Lac lui fournit ses délicieux poissons, les montagnes leur gibier, les boucheries de la viande excellente, Coppet des fruits et des légumes en abondance, et un très bon cuisinier son talent.

La conversation ordinaire à sa table n'est point en traits, en débats d'esprit, en saillies; c'est toujours une raison forte, douce et lumineuse qui en fait le caractère; cependant, quelquefois Mde. de Staël l'anime davantage. Sa société n'est pas nombreuse, elle se borne à quelques personnes de Genève et du voisinage; à M. Picot, homme simple, vertueux, éclairé, Pasteur de l'église de Genève et membre très-distingué de son Académie; à son frère, M. de Gemani; à Mde. Necker, femme de son neveu, fille du fameux Saussure, et, aussi digne qu'on peut l'être, des noms qu'elle réunit. Souvent il est seul.

Après un de ces dîners, rentrés dans le sallon, nous écoutions tranquillement Mde. de Staël qui donnoit une leçon de *forte-piano* à l'un de ses fils, lorsqu'un monsieur Dentiste gascon, petit, quarré, vêtu d'une manière assez extraordinaire, introduisit le Directoire Cisalpin, auquel on ne songeoit guères; et, tout fier de l'avoir introduit, il l'annonçât à-peu-près comme certains opérateurs annoncent leur baume. (*) Mde. de Staël, si accoutumée à tenir une maison, eut bientôt mis les Directeurs à leur aise. Ils s'exprimoient très-bien en français. Ils causèrent avec beaucoup d'esprit et un grand intérêt. Le sujet de leur conversation, sur-tout dans les circonstances actuelles, ne pouvoit qu'en avoir beaucoup pour nous. Ils parlèrent du vainqueur de l'Italie, du héros de la France, et trouvèrent des oreilles très-disposées à les entendre. Une femme, d'une taille majestueuse, d'une figure superbe, étoit avec eux. Il seroit étrange qu'une Italienne ne fût pas musicienne. Mde. de Staël la conduisit à un *forte-piano*, et ce furent les accens d'une voix céleste qu'elle accompagnât.

La nuit se hâte à la fin d'Octobre. Elle

(*) Ce Dentiste a la réputation d'être très-habile dans son art.

força le Directoire Cisalpin à retourner à Genève ; l'anti-chambre de la France, où il paroît singulier qu'il s'arrête.

Peut-être jamais société bornée à quatre personnes, n'a-t-elle eu trois interlocuteurs d'un mérite égal à celui de M. Necker, de sa fille et de mon fils ; aussi, n'ai-je jamais entendu de conversations pareilles à la leur ; elle produisit sur moi l'effet de la harpe de David, elle suspendoit mes maux. Mde. de Staël, au suprême avantage de parfaitement parler, en joint un qui n'est pas très-commun. Elle écoute. J'insiste sur ce mérite qui n'est pas assez ordinaire, même parmi les Dames du Pays-de-Vaud.

Plus j'ai vu M. Necker de près, plus je l'ai admiré, estimé, aimé. Il m'a paru plus grand à Coppet qu'à Versailles. Moins rapproché des hommes, il s'est encore davantage élevé à Dieu. A force de simplicité, de générosité, de bonhomie, il se fait pardonner son génie, ses vertus et sa renommée. Après dix jours passés auprès de cet homme immortel, je le quittai avec le sentiment d'une douleur profonde. Il n'est point de lieu qui m'ait plus attaché que celui qu'il a choisi pour sa retraite ; j'aurois voulu y passer le reste de ma vie. (*)

(*) Si l'on m'accuse, ce qui arrivera, d'avoir pour

Une rue, une ville, voilà Rolle; mais cette rue est animée et propre comme les villes de Suisse. C'est de Rolle, que l'un des hommes dont la France s'honore le plus, est originaire, M. de la Harpe. Nous nous y arrêtâmes pour faire un fort bon dîner. Nous nous arrêtâmes aussi un moment à Morges. Deux hommes, qui réunissent les connoissances qu'exigent la Médecine et la Chirurgie, y demeurent, Mrs. des Granges et Musital. Celui-ci joint aux lumières nécessaires à son art, le plus grand désintéressement. Souvent, comme Hypocrate, il donne la vie et se trouve assez payé par la reconnoissance.

Enfin, nous arrivâmes à Lausanne. Mon

M. Necker une admiration exagérée, je dirai : *Dépouillez-vous de toute prévention, ne soyez ni aristocrate, ni démocrate, ni royaliste, et sur-tout point anarchiste; soyez éclairé et juste; examinez froidement, même sévérement sa conduite, depuis sa première apparition à Paris jusqu'à ce jour, et jugez. Avec de l'équité, si vous ne l'admirez pas autant que je le fais, vous l'estimerez autant que je l'estime.* Au reste, mon attachement pour M. Necker est très-désintéressé; il n'est point mon bienfaiteur, je ne lui ai jamais demandé de services, il ne m'en a point rendu. Je l'aime comme j'aurois aimé Fénelon, si j'avois été son contemporain, et que j'eusse été assez heureux pour avoir des rélations avec lui.

fils m'y déposa dans une auberge, et fut rejoindre sa femme dans une campagne très prochaine, où ils étoient pensionnaires.

Le lendemain, il vint me mettre en possession de la plus riche, de la plus superbe, de la plus ravissante des propriétés. En m'établissant dans un autre appartement, il me donna les Alpes sublimes, le magnifique Léman, les délicieuses campagnes qui l'entourent, l'extase que produit la réunion de toutes les beautés de la Nature. Le soleil le plus pur, de l'éclat de ses rayons encharmoit ce beau spectacle. Non, je ne tenterai point de le décrire. Comment peindre les Alpes après Haller, le grand Haller, aussi sublime qu'elles? Comment peindre cet Éden après Voltaire qui, dans l'épître écrite de sa maison des Délices, a vraiment égalé Milton, lorsque, dans des vers célestes il fait, du moins pour quelques instans, rentrer l'homme dans le Paradis terrestre.

Mon fils et sa femme ne tardèrent pas à prendre un appartement dans la maison où ils m'en avoient procuré un. Chaque jour je les voyois. Leurs soins, malgré les langueurs, les souffrances de mon corps, faisoient éprouver de grandes jouissances à mon ame. Je retrouvois le bonheur d'aimer, celui qu'ont eu les deux pères les plus heureux, le père de Montagne et le père de Pascal; (*) mais pour mieux jouir, il faut savoir se priver. Je ne désirai point d'association pour nos repas; dans les jours où mes douleurs et ma défaillance étoient extrêmes, je les aurois trop attristé; mais quand j'éprouvois quelque relâche, je mêlois mon frugal dîner à leur dîner modeste, et j'avois toute la satisfaction que ma débile situation pouvoit me permettre.

Traités avec beaucoup de considération et de bonté, mes enfans vivoient à Lausanne dans une excellente société. Il est peu de villes qui en aient une aussi bonne, il n'en est point qui en ait une meilleure. (†) Ils surent ins-

(*) Voyez l'histoire de Montagne et celle de Pascal, écrites, l'une par Mademoiselle de Gournai, et l'autre par Madame Périer.

(†) La Société de Londres, celle de Paris, même dans ses plus beaux jours, ne valoit pas celle de Lausanne; non que Paris ne contienne des gens supérieurs et infiniment aimables, mais épars dans cette ville immense, ils étoient trop étrangers les uns aux autres; l'intimité existoit trop peu entre eux; au lieu qu'à Lausanne, où l'amabilité est générale, la société n'est, pour ainsi dire, qu'une famille. La conversation n'y est point hâchée, heurtée, brisée comme elle l'est nécessairement dans les très-grandes villes; celle du jour est la continuation de celle de la veille; le même intérêt s'y soutient, s'y anime et s'y accroît.

pirer de l'intérêt pour moi. Je trouvai parmi leurs amis les soins, les attentions, ces détails si doux et souvent préférables aux plus grands services.

Enfin, un Gouvernement plus juste et plus sage sentit que l'iniquité est toujours foiblesse, et que la plus grande perte pour un empire est celle des citoyens qui l'honorent. Mon fils fut rappellé. Son départ m'a été bien pénible; je sentois qu'il étoit plus que vraisemblable, que l'adieu que je lui disois étoit le dernier adieu. Je le sais bien, ma raison devoit applaudir à son rappel, elle y applaudissoit; mais mon cœur n'en étoit pas moins égoïste, son affliction étoit profonde. Cependant, comme ce Grec, bien véritablement généreux, qui chargea l'un de ses amis de nourrir sa femme, et l'autre de dôter sa fille, mon fils avant son départ, m'a mis sous la protection des talens, du génie, des vertus et de la commisération la plus aimable et la plus tendre; il m'a mis sous les aîles d'un Ange gardien. (*) Mais je m'apperçois que, sans le vouloir, je donne mon adresse.

(*) Allusion à un petit ouvrage charmant de Mde. la Duchesse de Dévonshire, intitulé l'*Ange gardien*, parfaitement traduit et même embelli par Mde. de Montolieu.

Les très-beaux paysages, les situations magnifiques et pittoresques, les douces températures attirent les voyageurs ; mais ce sont les lumières, les mœurs, les qualités sociales qui les ramènent et fixent dans une ville les hommes distingués. L'étonnante, la savante Genève, qui a produit tant de personnages justement célèbres, appelle dans ses murs des admirateurs. Lausanne, plus modeste et peut-être aussi sage, appelle dans les siens des amis. Ses habitans, si l'on peut s'exprimer ainsi, sont en harmonie avec les sites qui les environnent. Ces sites, les plus beaux de la terre, sont foulés par des hommes plus calmes, , plus doux, plus aimables qu'énergiques. Ils goûtent en paix les délices des champs élisées.

On croit avoir tout fait, quand on a comparé une ville moderne à une ville célèbre de l'antiquité. Ces comparaisons sont fausses ; comme les particuliers, les villes qui ont du caractère, ont plus de différences entre elles qu'elles n'ont de ressemblances. Lausanne n'est ni Spartes ni Athènes ; elle est mieux ; elle est elle-même. Comme une maîtresse aimable et toute puissante sur ses amans, elle pourroit recevoir des offrandes bien précieuses des étrangers qui viennent jouir dans son sein de toutes les richesses de la Nature, et de toutes les douceurs d'un repos animé. Dire aux Anglais *je prendrai vos idées fortes, votre habitude de penser, votre élévation de caractère et même un peu de votre originalité*; aux Français, *je recevrai de votre Littérature la clarté, l'ordre et un grand nombre de livres qui sont des modèles, et de votre compagnie d'élite cette politesse qui n'est ni cérémonieuse ni familière, qui a toujours le tact des convenances, et n'est jamais gênée*; aux Italiens, *je veux bien un peu de votre finesse, votre génie pour les arts, quelques-unes de vos tournures et de vos idées ingénieuses, mais je n'abuserai pas de vos richesses*; et aux Allemands, *hommes bons et vraiment estimables, votre amour et votre aptitude pour les Sciences, vos mœurs, vos vertus, la franchise, la loyauté que vous avez mieux conservé que les autres peuples, me conviennent, je les adopterai.* Elle n'en fait rien; semblable à ces lacs que plusieurs sources traversent, et qui ne mêlent point leurs eaux avec elles, au milieu de la foule d'étrangers qui viennent chercher auprès d'elle la douce tranquillité, elle conserve ses usages, son esprit et ses mœurs.

LETTRE À M. DE V.

Ancien Officier au Régiment du Roi, infanterie.

SAIS-TU, mon ami, quels sont les solitaires? ce n'est ni toi ni moi, mais les infortunés qui n'aiment pas. Pendant ton absence, je te regrette et je ne suis pas sans toi. Mon cœur, où tu vis sans cesse, échauffe mon imagination et te met de moitié dans tout ce que je fais. A présent que je voyage, j'observe, j'examine tous lieux pittoresques, je m'attache à tous les jolis paysages; chaque soir j'écris tout ce que j'ai vu pendant la journée, et peut-être parviendrai-je à t'offrir un recueil intéressant de tableaux champêtres.

Les villes ne diffèrent entre elles, que par quelques nuances. Les petites ont toutes la même insipidité, le même cailletage bourgeois, les mêmes tracasseries, la même ignorance, et la même oisiveté; les grandes, avec plus de ressources contre l'ennui, plus d'industrie, de lumières, de mouvemens et d'idées, ont aussi plus de vices; si quelques vertus y surnagent, c'est sur un océan de corruption. Que les

Moralistes les étudient, les Prédicateurs et les Poëtes comiques aillent y prendre les sujets de leurs tableaux ; moi, je veux être paysagiste, et si quelques figures animent mes compositions, c'est dans les châteaux, les cures et les villages que j'en saisirai les modèles.

Je suis parti hier de ma tranquille demeure, je l'ai quittée, non pas par ennui ; mais parce que je veux toujours l'aimer. Tu le sais, la privation et la variété embellissent les jouissances.

J'ai gravi les montagnes, qui séparent au couchant la *Franche-Comté* de la *Bresse* Sèches, arides, sans majesté, elles offrent des richesses aux Naturalistes. Ils peuvent y trouver des pétrifications de toutes les espèces, des pierres de tous les genres ; mais ce n'est qu'à leur sommité, que les Peintres et les Poëtes éprouvent ce ravissement, que fait naître le spectacle des vastes campagnes que la variété, la population, la culture et l'abondance animent.

On voit, de la cîme des monts qui s'élèvent au-dessus de la petite ville de *St. Amour*, toute la *Bresse*, le *Maconnois*, avec une partie de la *Bourgogne*, et cet immense tableau est terminé par les montagnes du *Charolois* et du *Beaujolois*, dont le lointain bleuâtre se perd dans les cieux. La multitude des habitations, la diversité et l'abondance des productions, les étangs et les bois qui coupent ces pays enchantés, enchantent les regards, en portant à l'ame le sentiment du bonheur. Elle jouit de celui qu'elle suppose dans l'immense étendue qu'elle découvre; mais bientôt ce sentiment si doux s'éteint, pour faire place à des affections pénibles. Dans les plaines, tout ce qui avoit charmé les yeux afflige le cœur. La langueur, la foiblesse, la maladie, à l'admiration font succéder la pitié. On voit, ſur un sol riche et fécond, errer des hommes pâles et décolorés; leurs yeux sont éteints; et dans des corps souffrans, ils ont des ames sans énergie. Leur lenteur, leur inertie, leur indifférence forme un triste contraste avec la force, l'activité, la vigueur des montagnards Comtois. Mais quel ressort pourroient avoir des malheureux, qui ne respirent qu'un air épais et putride? Le mois d'Août leur apporte chaque année la fiévre, et ils la gardent jusqu'au printems suivant. A quarante ans ils sont vieux, ils tombent dans la décrépitude à cinquante.

Quoique ce pays, par sa situation basse, soit nécessairement l'égoût des montagnes qui l'environnent, et par conséquent humide et mal-sain, on pourroit cependant, avec du travail, de l'intelligence et une meilleure administration, le rendre moins funeste à ses habitans. L'air y est sur-tout corrompu par l'abondance des eaux stagnantes qui exhalent des vapeurs infectes, chargent l'*atmosphère* d'un brouillard que le soleil, dans sa plus grande force, a peine à dissiper. En rassemblant ces eaux dans un vaste canal, qui d'un côté aboutiroit au *Rhône*, et de l'autre à la *Saône*, ce pays desséché deviendroit plus fécond, et seroit cultivé par des bras plus robustes; mais jusqu'à présent, les Rois occupés seulement à tirer de fortes contributions de leurs sujets, n'ont guères songé aux moyens de les rendre plus intelligens, et moins infortunés. Mais un plus beau jour enfin, semble luire sur la *France*. Dans son jeune souverain, elle aura peut-être un père, à qui pour venir au secours de ses peuples, il suffira d'en connoître les besoins. La *Bresse* a des Etats : que ceux qui les composent, s'occupent du soin si doux de la rendre saine, heureuse et florissante; ils parviendront à donner à ses habitans la santé et le bonheur.

Les femmes y sont vêtues d'une manière bizarre, avec des corsets rouges, bleus ou verds, dont les couleurs sont chargées de gallons de soie de couleurs différentes, et avec des jupons qui remontent jusqu'au dessous de leur sein ; elles sont emprisonnées dans ces habillemens qui, quoique très-serrés, ne laissent point voir la taille, lui font perdre toute sa grace, en ne laissant dans le mouvement aucune liberté.

Ces femmes n'ont pas plus de vivacité que les hommes. Jeunes, elles sont pâles et blanches, leurs yeux sont mélancoliques et doux. Elles inspirent l'intérêt bien plus qu'elles ne font naître le desir. Si l'amour *Platonique* n'est pas une chimère, c'est en *Bresse* qu'il doit exister ; cependant, pour cet amour même, il faut une profonde sensibilité ; et quand les sens ont peu d'empire, le cœur est peu capable d'une grande énergie. Pour bien sentir, il faut avoir, je crois, ce que Corneille jugeoit nécessaire pour faire une tragédie.

Les animaux, c'est-à-dire, les quadrupèdes dans ce pays abondant, semblent languir comme les humains. De petits bœufs blanchâtres y succombent sous un travail, qui à peine exerceroit les bœufs des montagnes. Les vaches languissantes, n'y donnent qu'un lait d'un goût très-désagréable ; les chevaux y sont petits et foibles, les moutons dégénérés, et le gibier sans saveur ou mauvais. Mais dans ce climat, où les grandes espèces d'animaux dépérissent, la volatille prospère ; les volailles de *Bresse* sont excellentes,

excellentes, et méritent d'être comparées à celles du Maine. On y fait un commerce très-considérable de chapons, de poulardes et de gibiers d'eau. On y élève des tourterelles, que des hommes moins tendres qu'elles, dévorent impitoyablement.

Je l'avoue, mon ami, et c'est en rougissant, j'en ai mangé souvent avec un peu de volupté; mais c'est plus leur faute que la mienne. Pourquoi sont-elles si bonnes? D'ailleurs, *Achille* se nourrissoit de la chair des lions, pour augmenter son courage; moi, qui ne veux plus être héros, je me nourris de celle des tourterelles, pour avoir encore plus de sensibilité.

Je ne te parlerai pas des petites villes de Bresse, faites comme le premier homme, de boue et de limon; les pieds s'y perdent dans la fange, et la tête dans les brouillards; heureux de s'en arracher, il ne faut pas y revenir.

Bourg mérite cependant de l'attention. Les bâtimens nouveaux y sont agréables, et c'est avec un grand plaisir qu'on y voit le jardin que M. de Fenil y a formé. Très-vaste pour un jardin de ville, au mérite de l'étendue, il jouit de celui de la variété: il est divisé en deux parties, dont une très-élevée, domine une plaine superbe, riche d'une multitude de villages, et qui fait jouir du spectacle satisfaisant que présente la parure des campagnes. Nous avons beau nous corrompre, il reste toujours un petit coin patriarchal dans notre cœur. Cette partie supérieure toute consacrée à l'agrément, montre ce que peut l'intelligence de l'homme sur un terrein qui n'est pas rebelle. On y voit rassemblés les fruits, les fleurs, et tous les plus beaux arbres de différens pays. Les gazons, toujours abreuvés par un air humide, y sont aussi frais qu'en *Angleterre*. Les charmans tapis qu'ils présentent, font trop souvenir dans l'âge mûr, qu'on n'a plus vingt ans ; mais les jolis bosquets qu'on y rencontre, semblent faits pour rendre plus douce, plus touchante la conversation de deux amis. Au coucher du soleil, on respire le parfum des arbustes. Sur ces terrasses aërées, avec quel intérêt, mon cher Villaine, j'aurois causé avec toi ! nous aurions joui ensemble des charmes de ce lieu, mais nous en aurions critiqué les défauts. Nous aurions souhaité qu'on en bannît des statues, que le goût en éloigneroit comme mal placées, quand même elles seroient d'une exécution meilleure, et qu'à plus forte raison il ne supporte pas, étant aussi médiocres. Tout ce que le goût toléreroit, c'est un malin petit *faune*, jouant de la flûte à sept tuyaux ; il est placé sur un joli monticule de gazon, entouré de toutes les plus belles espèces d'arbres; son œil est vif, son rire fin, sa mine hardie, et son corsage charmant: nud comme l'Amour, il paroit plus dangereux que lui, pour la beauté qui regarde et qui juge plus qu'elle ne sent.

La partie inférieure de ce jardin, charme par la richesse de ses productions. On y voit végéter les plus beaux légumes; les quarrés en sont bordés par des espaliers chargés de fruits superbes; on sent dans ce beau lieu, que l'abondance est la véritable beauté. A celle-là, se joignent encore la propreté, l'ordre et l'intelligence dans les distributions. (*)

(*) M. de Fenil avoit trop de mérite pour échapper à la hâche de Robespierre; il est sorti des prisons de Bresse pour être immolé à Lyon : il étoit bien véritablement le bienfaiteur de sa patrie. Avec autant de lumières que Duhamel et Buffon dans la partie des bois, il s'étoit attaché avec succès à réparer les forêts de la Bresse. Il a naturalisé, dans les bois dont il étoit propriétaire, les arbres les plus beaux et les plus utiles de l'Amérique septentrionale, et les y a plantés en grand nombre. Il a desséché de vastes et insalubres marais, et les a remplacés par des prairies abondantes; il a établi de riches pépinières. Tout le bien qu'un particulier peut faire à son pays, il l'a fait au sien. Il a composé des ouvrages nombreux et très-utiles, et a laissé une mémoire qui sera toujours vénérée.

La ville de Bourg se glorifie d'être la patrie de trois des plus anciens membres de l'Académie française, *Mezirac*, *Vaugelas*, et *Farel.* Le premier oublié, et le troisième qui n'a jamais été connu, que par le ridicule dont *Boileau* l'a chargé, prouvent seulement que l'Académie n'a pas toujours été heureuse dans ses choix, et que quarante hommes d'un mérite éminent, même dans un vaste Empire, sont difficiles à trouver. Le choix qu'elle a fait de *Vaugelas*, beaucoup meilleur, sera toujours respecté ; mais une gloire très-certaine pour la ville de Bourg, est d'avoir produit M. *Delalande.* Ses découvertes en Astronomie, et les lumières qu'il a répandu sur cette vaste science, obtiennent la reconnoissance et le respect de l'Europe entière.

Tu aimeras, mon cher Villaine, à retrouver en lui cette tendre piété filiale, qui ne s'est jamais démentie en toi. Il est revenu dans sa patrie, après avoir perdu son père, citoyen obscur, mais bien respectable par ses mœurs et par ses vertus. Elles sont immortalisées par

---

Qu'on laisse à chaque Département les hommes éclairés et pénétrés de l'amour du bien qu'ils produisent, et la France sera dans toutes ses parties plus ou moins féconde et par-tout heureuse, si son Gouvernement est modéré.

un monument noble et simple, placé dans l'église collégiale. Il est appliqué contre l'un des pilliers, et sur un grand marbre blanc est gravé cette épitaphe touchante.

Toi, dont l'ame sensible et tendre
A fait ma gloire et mon bonheur,
Je t'ai perdu. Près de ta cendre
Je viens jouir de ma douleur.

Combien ces mots sans faste, seulement inspirés par le regret, parlent mieux à l'ame que tout ce que le bel esprit voudroit lui dire ! Ils ont ce caractère de simplicité de l'ancienne Grèce, plus voisine de la nature que nous, mais qui se trouve encore dans ton cœur, et, je l'espère, dans le mien.

Adieu, mon ami, une belle poularde m'attend. Je te quitte pour elle ; je reviendrai bientôt à toi, et ne cesserai jamais d'y penser. (*)

A *Bourg*, ce 3 Juillet 1778.

(*) Monsieur de Villaine est l'ami le plus cher que j'aie eu. Entrés dans la même année au régiment du Roi, c'est aussi la même année que nous avons quitté ce corps. J'étois lié avec lui depuis le moment que je l'ai connu de l'amitié la plus tendre, et qui n'a jamais eu de nuages. Il a eu le bonheur de mourir avant la révolution, dont il auroit été une victime. Personne n'a porté plus loin les vertus simples et domestiques ; il fut Socrate sans célébrité. Je le pleure tous les jours, persuadé que des demeures célestes il voit encore son ami.

PENSÉES LITTÉRAIRES,

MORALES ET RELIGIEUSES. (*)

Toutes les bonnes maximes sont dans le monde. Il ne faut que les appliquer. (Pascal, *Pens. mor.* 20.)

Les premiers fidèles sembloient totalement oublier la terre pour le Ciel; les Chrétiens modernes semblent oublier qu'il est un Ciel et un Enfer. Lesquels ont raison ? La Foi l'apprend à ceux qui sont assez heureux pour en avoir. La mort l'apprendra à tous les hommes.

Même en ne considérant le Christianisme que comme un systême philosophique, c'est celui qu'on devroit préférer. Où trouver une explication aussi simple et aussi satisfaisante de l'origine des choses ? Lui seul remonte aux véritables causes; lui seul concilie les contradictions apparentes; lui seul, par le libre arbitre, résoud le grand problême du mal moral et justifie la Providence. Peut-on comparer à la théorie qu'il offre celle des Stoïciens, si exagérée, et tout au plus praticable pour un

(*) Il est aisé de voir que ces pensées ont été écrites dans des tems assez éloignés les uns des autres. Elles n'ont presque aucuns rapports entre elles. Je ne les aurois pas recueillies, si je ne leur avois pas cru quelque mérite. Je souhaite ne pas m'être trompé et qu'elles ne soient pas sans utilité.

très-petit nombre d'hommes extraordinaires? au lieu que celle que présente Jésus est universelle, propre aux foibles comme aux forts. Eh! quels sont les motifs qu'il donne pour la mettre en pratique? des récompenses et des peines éternelles.

Les yeux de ceux qui ne s'attachent qu'au tems, voyent trente, quarante, cinquante, soixante ans au plus. La vue des Chrétiens est bien plus longue, elle embrasse l'éternité.

Il faut que l'insouciance de l'homme soit bien grande, et que ses passions soient bien puissantes, puisque la Religion avec toute son autorité, sa vérité, son évidence, sa divinité, parvient si difficilement et même si rarement à les réprimer.

Voulez-vous aimer les hommes, et sur-tout les estimer, ne lisez point l'Histoire; l'Evangile peut seul contraindre à un pareil effort.

C'est pour vivre de sa vie, pour être heureux de son bonheur que Dieu nous a créés; et c'est de toute la force de nos passions, de toute la multitude de nos vices que nous repoussons cette ineffable destinée. Pour nous la faire remplir, il ne faudroit qu'une pensée forte.

On craindroit bien moins la mort, si l'on ne croyoit pas à l'immortalité.

Les hommes sont nés pour la dépendance; la preuve en est certaine dans l'extrême inégalité des esprits. Les uns, comme Newton, semblent participer à la Nature des intelligences célestes; les autres, en nombre incalculable, paroissent à peine s'élever au-dessus de l'instinct des brutes. Ils ont moins besoin de pain qu'ils n'ont besoin d'être conduits; & le plus mauvais gouvernement d'un seul ou d'un petit nombre vaut mieux pour eux que l'indépendance. Cette vérité démontre, que l'idée de la pure Démocratie n'est qu'une abstraction chimérique, impossible à réaliser.

Celui qui connoît bien les hommes les méprise en général, les subjugue s'il a du génie et s'il en a la volonté; témoin Sylla, les deux triumvirats, Cromwel. Je dirois presque Robespierre, s'il n'avoit été aussi dépourvu de talens, d'intelligence et de courage.

Il faut être bien hardi pour juger les autres, et bien méchant, ou du moins bien inconsidéré, pour prononcer son jugement, quand il est défavorable.

Comme le médisant réunit deux qualités, qu'il est lâche et méchant, on réunit pour lui deux sentimens, le mépris et la haîne.

Quelque tort que le médisant fasse aux autres, il s'en fait bien plus à lui-même.

Comme tous les vices, la médisance calcule le mal. Elle ne voit pas qu'on peut douter de ses assertions, et qu'il est impossible de ne pas être certain qu'elle est méchante et vile.

Le respect humain, qui empêche tant de bonnes actions, empêche bien des crimes.

Je conçois qu'on ne soit pas chrétien. La Religion gêne, elle combat et contraint les passions, elle impose des devoirs difficiles, et demande de grands sacrifices. Elle exige une vie pure et continuellement surveillée; mais ce que je ne conçois pas, c'est qu'on veuille empêcher les autres de l'être. Au milieu d'une société de véritables Chrétiens, ils supporteroient tous nos vices, nous jouirions de toutes leurs vertus.

L'amitié est vierge; on est rarement l'ami de celle dont on a été l'amant.

Les amans se connoissent trop ou trop peu. Ils se sont trompés trop souvent, pour devenir amis.

Il est quelques villes de Province où un homme d'esprit, quelque simple et bon homme qu'il soit, est aussi déplacé, s'il s'occupe des lettres et des arts, que le seroit un oranger en Sybérie. On voudroit qu'il se racourcît, comme le fit Élisée sur l'enfant de la veuve; mais il ne lui est pas aussi aisé qu'on croit de se faire petit.

Les douleurs qui se prolongent au-delà d'un long terme, sont fastueuses et mensongères. Si elles sont excessives, elles tuent ceux qu'elles affectent; si-non, le grand consolateur, comme l'a si bien nommé Voltaire, le tems tue les douleurs.

J'ai connu une femme, très-raisonnable d'ailleurs, mère d'un fils impotent, contrefait et maussade, elle s'en plaignoit sans cesse quoiqu'avec modération ; il est mort depuis trois ans. Elle le pleure encore comme Artémise pleura son époux, le jour même où elle le perdit. Peut-on croire à la vérité de ses larmes ?

Il seroit un moyen de rendre les hommes plus industrieux, plus éclairés et plus sages; mais pour qu'il fût employé, il faudroit que la raison humaine parvînt à un point de perfection qu'on ne peut guère espérer. Quels seront les Rois qui auront la volonté, quels seront les Peuples qui auront le courage de diviser les grands Empires en petites Républiques ? Cependant, ce n'est que sur un sol libre et circonscrit dans des bornes étroites, que se forment les talens supérieurs, que se propagent les sentimens patriotiques et les vertus nationales, religieuses et domestiques. Combien d'hommes sublimes se sont élevés dans la Grèce ! Quels noms sont échappés à l'oubli dans les immenses possessions d'un grand Roi ?

L'Etat de Genève contient peut-être moins

de toises que la Province de France qui l'avoisine ne contient de lieues ; cependant, même dans ce moment de décadence, il est à Genève plus de vingt hommes qui ne mourront jamais ; et cette Province, quand on en joindroit quatre ou cinq à elle, seroit bien embarrassée d'offrir deux hommes qui s'élèvent au-dessus d'une orgueilleuse médiocrité. A Genève, sans sol, qui n'a que de l'industrie, une bonne administration fait vivre les moins riches dans l'aisance ; et dans les Provinces de France, la grande partie du Peuple est couverte de haillons et manque des alimens nécessaires. (*)

La perfection n'est que l'équilibre, et l'équilibre n'existe pas.

Rien n'étoit plus respectable que la vie des Philosophes de Port-Royal ; mais leurs livres sont peut-être plus dangereux que ceux de Bayle et des Philosophes anti-chrétiens. Ils semblent faire tous leurs efforts pour élargir les portes de l'enfer. Leur désolante doctrine, plus exagérée encore que celle des Stoïciens, rend le Christianisme presque impossible, et réduiroit Dieu, comme dans je ne sais quel

(*) Il est aisé de voir que la plûpart de ces pensées ont été écrites avant la révolution.

endroit l'a dit Nicole, à ne peupler le ciel que d'enfans morts avant l'âge d'innocence. Il est difficile que ces écrits ne jettent pas dans le désespoir ceux qu'ils persuadent. L'Evangile est moins sévère, et la morale de St. François de Sales, de Fénelon et des Jésuites, dont les écrits n'ont rien de repréhensible, est bien plus raisonnable, bien plus consolante et bien plus douce; elle encourage, eux désespèrent.

Je voudrois savoir, si un Jésuite bien convaincu, a jamais souri.

Si j'étois très-riche propriétaire, et fortement attaché à mes intérêts, ne fut-ce que par égoïsme, je salarierois des Ministres chrétiens. Les maximes de l'Evangile préserveroient mieux mes richesses, assureroient mieux mes possessions et mon repos que les triples serrures, les plus fortes clôtures et une foule de gardiens stipendiés.

Un seul Peuple, les Paraguais, a été formé, gouverné par les seules et pures maximes de l'Evangile, et pour ce peuple s'est retrouvé le Paradis terrestre.

Ne soyons jamais que nous, toujours nous; mais aussi perfectionnés que nous pouvons l'être.

Celui qui cesse d'être soi-même, est à coup sûr sot ou faux; souvent tous les deux.

Qui peut le plus, peut le moins. Pas toujours. D'Ormont s'élève aux plus grandes actions, rend les services les plus difficiles et les plus signalés; cependant, il ne peut pas se plier à cette multitude de conventions qu'on appelle devoirs de société; il prête, il donne, il agit; mais il ne sait recevoir ni rendre une visite ennuyeuse. Quoique M. d'Argase soit dans la faveur, très-répandu et très-fêté, il l'évite, parce qu'il est sot; quoique Mde. d'Oran soit Duchesse, riche, et rassemble ce qu'on veut bien nommer *la meilleure compagnie*, il refuse ses soupers, parce qu'elle est méchante et bégueule. Cependant, s'il avoit plus d'égards pour cet homme et pour cette femme, il auroit plus de moyens d'être utile. On parle toujours de d'Ormont avec estime, et jamais avec bienveillance.

Tout homme qui raconte beaucoup, ou manque d'esprit, ou n'a pas l'habitude de penser.

Le conteur est pauvre d'idées. C'est un parasite qui vit aux dépens des autres.

De tous les sots, le conteur est le plus ennuyeux.

Un Peuple, dont les suprêmes Magistrats seroient éclairés et chrétiens, et dont les Prêtres seroient à la fois modérés, instruits et religieux, seroit le plus heureux de la terre.

En voyant les abominations et les forfaits

qui souillent à présent le monde, que les Philosophes disent s'ils l'ont bien servi en brisant le frein de la Religion.

La liberté, l'égalité, l'ordre, la justice, la paix, les voulez-vous bien sincérement? Prêchez, persuadez l'Evangile.

Il est presque impossible d'être véritablement grand, sans avoir l'esprit chaste.

Dans la plûpart des pays où l'Histoire nous transporte, elle nous montre des Pasteurs sans justice et sans capacité, des chiens qui dévorent, et des troupeaux hébetés.

Un examen suivi, une étude constante, l'habitude d'observer, s'ils peuvent l'être, feront seuls connoître les hommes. Ordinairement on les juge d'après soi et on les juge mal. Le méchant croit qu'ils sont tous méchans; il se trompe. Les bons pensent qu'ils sont généralement bons; ils se trompent encore davantage.

Si j'avois été Roi d'Orient, j'aurois envoyé à Salomon une énigme, que malgré toute sa sagacité il n'eut pas devinée; l'homme.

Celui qui ne sait pas se contenir, prouve la force de ses passions, et la foiblesse de son caractère.

Combien de gens, dont la maîtresse et l'ami ne sont pas l'homme ou la femme qu'ils aiment; mais un fantôme embelli de toutes les qualités dont une imagination ardente et sensible les pare.

Celui dont le caractère est timide et foible, manquera toujours de franchise et même de vérité. Il n'a pas la force et le courage des hommes ; il croit y suppléer par des détours et les petites ruses des écoliers.

Celui dont tout le monde dit c'est un homme aimable, ne sera pas fortement, ou ne sera pas constamment aimé de l'ame profondément sensible.

Nous devons regarder les maladies comme des amis qui nous donnent des avis austères, mais nécessaires.

Voulez-vous être sage et tranquille, pensez habituellement, qu'à peine êtes-vous pour vingt ou trente ans sur la terre.

La pensée de la mort est le flambeau de la vie.

Si Robespierre, si les hommes les plus forcenés de la révolution s'étoient quelquefois souvenus qu'ils devoient mourir, combien d'horribles projets n'auroient pas été formés, combien d'abominations, combien d'exécutions sanglantes n'auroient pas eu lieu?

Celui qui craint la mort, est comme le prisonnier qui craint de voir ouvrir sa prison ; leur crainte est naturelle. L'ouverture de la prison et la mort sont suivies d'un jugement. Il n'y a pas si loin du tems à l'éternité, que d'un appartement à un autre, et le trajet est plus court. Les Philososophes étonnent le commun des hommes; les Chrétiens étonnent les Philosophes.

L'esprit est rarement au profit du bonheur.

Les plus belles pensées sont celles qui produisent les belles actions.

L'esprit humain n'est guère que celui d'un petit nombre d'hommes épars sur la terre.

Un excellent livre de morale ou de politique, malheureusement n'est plus pour nous qu'un bon remède donné à des incurables.

Un bon vers est toujours une image riante, douce ou forte, ou un résultat concis d'observations profondes.

Beaucoup de bons ouvrages sont dans l'oubli, faute d'être vantés; tandis que des ouvrages médiocres sont devenus célèbres, parce qu'ils ont eu des prôneurs. *Le Paradis perdu* de Milton est resté long-tems ignoré, et un misérable *traité du vrai mérite* a eu trente éditions.

La franche bêtise vaut mille fois mieux que le faux ou demi esprit.

Il faut qu'un écrivain soit bien supérieur, pour que sa conduite ne nuise pas beaucoup

à

à ses ouvrages, quand elle n'est pas d'accord avec eux.

Il est des auteurs qui ne se préservent de la trivialité que par l'obscurité.

Ce ne sont pas les savans qui plaisent le plus aux savans; ce sont les ignorans capables de les entendre, qui les écoutent avec intérêt, et qui les interrogent avec intelligence.

Les livres, même les bons, font tort aux livres. Il y en a trop.

Les femmes ont un tact sûr. C'est presque toujours l'endroit le plus foible d'un ouvrage qu'elles applaudissent.

Un grand talent fait pardonner de grands vices. Si B. n'avoit pas eu beaucoup d'esprit, et s'il n'eut pas donné des écrits très-originaux et très-piquans, il auroit été dans l'abjection, peut-être aux galères.

C'est souvent un malheur pour un homme de lettres, et pour une femme auteur, d'être en société; quelques médiocres que soient les ouvrages de celle-ci, on ne lui en fait pas honneur, et on en fait honte à l'homme de lettres.

Les critiques les plus sévères sont toujours les esprits les plus minucieux. Incapables de s'élever aux grandes idées, de saisir tous les rapports, de juger de l'ensemble d'un ouvrage, ils sont tous fiers de découvrir quelques taches dans un écrit qui seroit moins beau s'il étoit plus parfait.

Un homme de génie qui dédaigne l'esprit, est comme un grand prédicateur qui se contenteroit d'avoir des sourds à ses sermons.

L'esprit très-ingénieux est rarement très-juste.

Un bon mot n'est souvent qu'une antithèse brillante, un trait piquant; mais sans justesse.

Il est une maxime de Pascal bien simple, dont chaque jour fait mieux connoître la vérité : *Diseurs de bons mots, mauvais caractères.*

Les esprits sont comme les chevaux; il faut qu'ils agissent seuls, ou qu'ils soient appareillés. Le Barbe qui dévore l'espace, dont les pieds sont des aîles, ne prendra pas l'allure racourcie du bidet, et moins encore la lourde marche du cheval flamand.

Cette pensée, contre laquelle s'élevera la sottise, n'est cependant qu'une expression différente de ce proverbe populaire, mais d'une grande vérité, *qui se ressemble s'assemble.*

Il n'y auroit point de sots, si tous les hommes étoient simples et sans prétentions.

On n'est point sot parce qu'on manque d'esprit, mais parce qu'on s'en croit plus qu'on n'en a, et qu'on en use mal.

Celui-là est bien vain ou bien grand, qui ne craint pas qu'on l'apprécie.

Un bon vieillard un peu conteur, disoit souvent : je ne me souviens que d'une seule action de ma vie qui me donne un plein contentement. Autrefois, je voyageois beaucoup, et je sortois toujours de l'auberge avant ma voiture; quelquefois j'étois assez loin d'elle. Un jour, il étoit encore matin, je me trouvai seul sur la route avec une petite femme, vieille et foible. Elle venoit de remplir un panier du fumier, que les chevaux avoient laissé. Elle voulut le charger sur sa tête ; mais la force lui manqua. Elle invoqua la mienne. *Mon enfant*, me dit-elle, *aidez-moi à charger mon panier*. Je le fis un peu aux dépens de mes doigts et de mes manchettes ; ce léger service rendu, elle me remercia en ces termes : *C'est du bled que j'ai ramassé et que vous m'avez aidé à charger ; vous n'avez pas été fier, vous avez eu de la charité, vous avez fait une bonne action, je prierai le bon Dieu pour vous, il vous récompensera.* Lorsque je veux me reconcilier avec moi-même, ce ne sont pas celles de mes actions qui ont eu quelque éclat, et qui m'ont fait obtenir des éloges que je me rappelle, c'est ce trait.

Combien de gens sont conduits par leur estomac! Combien peu le sont par leurs cœurs!

Fermez votre salle à manger, votre sallon sera bientôt désert.

Il faut être très-sobre de ce que l'on nomme plaisirs ; ils écartent trop du bonheur.

Il arrive souvent qu'on n'est pas heureux avec la vertu, nécessairement on est malheureux sans elle.

Parmi les sottises nobiliaires, l'une des plus révoltantes étoit celle qui permettoit à une veuve d'être, sans rougir, la maîtresse d'un plébéïen, et lui faisoit honte d'être sa femme.

Les hommes ne sont plus assez galans, quand les femmes sont trop galantes.

Les Dames devroient, pour leur propre intérêt, devenir un peu plus décentes.

Un vieillard disoit : *jeune, je croyois les femmes des divinités ; vieux, je vois qu'elles sont beaucoup trop humaines.*

Donnez aux femmes les talens qui leur conviennent, les mœurs et les vertus qu'elles doivent avoir, et les hommes seront vertueux.

Dans nos mœurs, le mariage est nécessairement un état malheureux. Sans être plus vicieuses que nous, il est presque impossible que les femmes ne tombent pas dans le déréglement. Affranchies de tous les devoirs, entourées de toutes les séductions, délivrées de tout ce qu'on est, si mal-à-propos, convenu d'appeller préjugés, comment éviteroient-elles les écarts? Riant des vertus de leurs aïeules, au lieu d'être compagnes, elles ont voulu être reines; elles le sont devenues dans la société, mais en prodiguant leurs bontés, et par conséquent en leur faisant perdre leur prix. Accoutumées à un empire, qu'on n'a pas d'intérêt à leur disputer, elles cherchent à devenir tyrans dans leurs familles. Si leurs maris deviennent leurs esclaves, elles les méprisent; s'ils ne se soumettent pas à elles, elles les haïssent, les tourmentent, et la vie intérieure est insupportable. Si l'on est sage, on se sépare; mais c'est pour tomber, chacun de son côté, dans l'abandon, vieillir et mourir dans le délaissement. Voilà le portrait fidèle de presque tous les mariages. Ceux où le défaut de fortune force les époux à rester ensemble, sont encore plus affreux. Ils offrent l'horrible image de deux ennemis attachés à la même chaîne.

Un vieillard impie et libertin, est un être hideux.

La femme qui méprise tous ses devoirs, les devoirs sacrés que la Nature et les Loix humaines lui ont imposés, qui brave toutes les convenances, qui affiche l'immoralité, quelque esprit qu'elle ait, mérite l'indignation et la haîne.

Ce que les Français appellent de l'amour, ce sont des intrigues rapides, et des jouissances faciles. Ce qu'ils appellent amitié, c'est l'habitude de se voir et de se traiter avec familiarité.

Bien des femmes ne sont coquettes que parce qu'elles n'ont pu être sensibles.

Les femmes sont les protectrices naturelles de la foiblesse. La Providence les a faites pour être les anges tutélaires de l'enfance et des vieillards. Quel parti une bonne institution sauroit en tirer ? au lieu d'amuser leur futilité par des plaisirs et des fêtes, elle lui donneroit l'esprit de famille et toutes les vertus qu'il fait naître.

Une femme qui remplit sa destinée, une bonne femme, est la plus belle œuvre de la création.

Il faut à l'enfance des maîtres ; des maîtresses à la jeunesse ; une famille et des amis à l'âge mûr, et des complaisans aux vieillards.

Ce n'est pas le jour qu'on le célèbre, ni même dans les brillantes années qui le suivent, qu'on sent tout le prix d'un heureux mariage ; c'est dans l'âge mûr et sur-tout dans la vieillesse.

Le plus insupportable vieillard est le célibataire qui a été riche, fat, frivole, libertin et méchant pendant sa jeunesse.

La vie est, dit-on, un voyage. Dans ce voyage, les bonnes gens trouvent ordinairement de bien mauvais compagnons et de bien mauvais gîtes.

Que de gens qui se croient gais et ne sont que joyeux!

Le vice peut n'être qu'un excès de vertu.

Les grandes fortunes se font par ceux qui n'ont point de fortune.

L'apparence trompe les plus sages.

Un grand Prédicateur seroit l'homme de génie qui, par foiblesse, tomberoit quelquefois dans de grandes fautes, en sentiroit l'horreur et en éprouveroit le remord.

Soyez heureux sur la terre, et vous ne craindrez pas de mourir; mais pour être heureux soyez sage, soyez vertueux.

Il faut en convenir, la fausse philosophie a porté des atteintes bien fortes, a fait des blessures bien profondes à la Religion; la vraie Philosophie les cicatrisera.

Le plus fortement Philosophe des modernes a été le plus convaincu des chrétiens. *Pascal.*

On reproche au Christianisme de n'être pas favorable aux Gouvernemens Républicains, et c'est dans une République qu'il a pris naissance.

Que prêche le Christianisme? l'égalité, la fraternité. Sur quelles autres bases prétend se former la liberté?

Un chrétien qui le seroit également par

conviction et par sentiment, verroit les choses d'un œil bien différent que ne les voient la plûpart des hommes. Il se réjouiroit de presque tout ce qui les afflige.

Les plus grands ennemis de la Religion chrétienne ne sont pas les Philosophes qui la combattent, mais les prêtres qui la trahissent par leur luxe, par l'oubli de leurs devoirs, par le relâchement de leurs mœurs, et par le scandale de leur conduite.

L'inquisition est affreuse, barbare, atroce, l'abus le plus horrible de la puissance ecclésiastique, le comble de l'abrutissement dans les peuples soumis à son détestable joug ; cependant l'irréligion est pire qu'elle.

Un Empire peut se soutenir dans les ténèbres de la superstition, s'élever dans les fureurs du fanatisme ; mais il tombe nécessairement dans l'avilissement, dans la décadence, dans le bourbier de tous les vices, quand il a perdu l'esprit de Religion. Voyez et jugez.

Le monde retrouveroit le Paradis terrestre, si la Religion chrétienne y étoit observée.

Un excellent vers d'impatience, d'humeur et de conviction, est celui-ci de Voltaire : *La médiocrité couvre la terre entière.* En effet, dans quel genre trouvera-t-on à la fois quatre hommes supérieurs ? Prenons notre siécle pour exemple, ce siécle de lumières; y trouvera-t-on quatre dignes successeurs de Corneille et de Racine, de Pascal et de Newton, d'Homère et de Virgile, de Tacite et de Xénophon, de Démosthène et de Bossuet?

Il est des maux et des langueurs du corps, qui portent l'esprit à chercher du soulagement dans l'irritation. Il trouve un plaisir âcre à reprendre, à contrarier, à blesser l'amour-propre. J'ai connu un vieux noble, tout orgueilleux d'être le propriétaire de la plus belle maison d'une petite ville. Il avoit sa pleine part de préjugés, de ridicules et de vanité; mais il étoit bien loin d'être sans esprit et sans originalité. Depuis Job, peut-être aucun homme n'avoit autant souffert que lui. Il étoit la collection de toutes les infirmités humaines. Assez riche pour le lieu où il vivoit, il rassembloit la société d'élite de cette ville. Un jour qu'il jouoit avec trois antiques Dames, il se plaisoit à choquer l'une d'elles, reprenoit avec aigreur les fautes qu'elle faisoit au jeu, même lui en supposoit, éteignoit sa gaieté, repoussoit ses saillies, pulvérisoit ses bons mots. La modération n'étoit pas la vertu principale de cette Dame; elle ne la conserva pas. Son visage, ordinairement d'un gros rouge, devint crête-de-coq. Pour un verre d'absinthe qu'elle avoit reçu, elle rendit des vases de fiel et d'aloès. Cela fut long; le coupable l'écouta avec la plus héroïque patience; enfin elle finit. Alors le vieux noble lui prit la main, et lui montrant sa jambe sèche et couverte de playes excessivement douloureuses: *Ma chère amie*, lui dit-il, *vous m'avez bien grondé, mais ce n'est pas contre moi qu'il falloit vous fâcher, c'est contre cette misérable jambe. C'est elle qui a tout dit, qui a tout fait. Oubliez, pardonnez et dînons demain ensemble en signe de réconciliation.* La vieille Dame versa quelques larmes; elles furent du baume. Elle sourit; le dîner fut accepté. Il se répéta souvent, et ils vivoient toujours bien ensemble quand la jambe ne parloit pas trop haut. La morale que l'on peut tirer de ce récit, c'est qu'on doit avoir pitié des jambes qui souffrent, et qu'il faut, autant qu'il est possible, que les têtes dominent les jambes.

Quand l'imagination ne l'entraîne plus, quand ses passions sont calmées, les jugemens de l'homme d'esprit sont équitables et sévères.

Les Pigmées sont les plus cruels ennemis des Géans. Voyez quels furent ceux de Corneille, de Racine, de Montesquieu et de Rousseau.

Les plaisirs de l'esprit empêchent l'ame de se corrompre.

Ce n'est pas au milieu des plaisirs purs, que les grandes jouissances nuisent.

Il est un homme de plus de soixante ans, célibataire et non sans esprit, dont la conversation n'a guères que deux sujets, le bien très-exagéré qu'il dit de lui, le mal très-excessif qu'il dit des autres. Grace à la malice humaine, on a cru long-tems la moitié de ce qu'il disoit; mais il a tant surchargé ses tableaux, qu'il a fini par ne plus inspirer que le dégoût et la haîne. Cependant on le craint encore, et il conserve une espèce d'empire.

Ce qui manque le plus à la plûpart des hommes, c'est de savoir vouloir.

Si l'homme se formoit l'habitude de penser fortement, il seroit bien malheureux ou bien sublime.

Une contradiction bien étonnante en nous, c'est que toutes nos théories de bonheur, à moins d'une dépravation très-rare, sont fondées sur des idées de vertu, et trop souvent c'est dans le vice que nous cherchons nos plaisirs.

Quel est l'homme qui, dans le calme des sens, dit: *je veux être heureux, et pour le devenir, j'enleverai la femme à mon ami; je séduirai la fille de mon bienfaiteur; je vendrai la justice ou plutôt l'iniquité; je me livrerai aux goûts les plus désordonnés ; loin de les retenir, j'exciterai toutes mes passions.* Il n'en est pas un, pas même le plus pervers; et cependant quel est celui qui, dans la pratique, n'a pas des détails de conduite qui le feroient frémir, si on les lui présentoit comme le résultat d'un systême ?

Un intéressant problême à résoudre, est celui-ci : de laquelle l'ame jouit-elle le mieux, ou d'une passion réprimée, ou d'une passion satisfaite ?

On n'aime pas la vertu bruyante que les tambours précèdent, que suivent les trompettes. Toujours en mouvement, elle se montre toujours ; et à force d'entreprendre et de vouloir servir, elle fait peu ou fait mal, parce qu'elle veut trop faire. Le tems lui manque, et les douceurs de l'intimité n'existent pas pour elle.

La satyre qui nous blesse le plus, est l'éloge des qualités qui nous manquent.

On s'attire plus d'ennemis par les éloges qu'on donne, que par les satyres qu'on fait. La virulente envie jouit de la médisance, et ne pardonne pas les éloges.

Il est des gens dont la bouche est toujours muette pour la louange, et toujours prête à s'ouvrir pour le blâme. Leurs oreilles sont affligées du bien qu'elles entendent, leurs yeux sont peinés du bon accueil qu'ils voient faire ;

l'envie les fait souffrir par tous leurs sens.

Une vieille femme disoit : *voulez vous plaire à notre sexe, faites danser les jeunes, faites jouer et dîner les vieilles.*

Un long tems et de grands efforts suffisent à peine pour former un homme à la vertu. Hélas ! il ne faut qu'un moment pour le corrompre.

Il est moins difficile de se faire estimer des autres, que de s'estimer soi-même. Ils ne savent pas tous nos secrets.

Pourquoi fait-on tant de sottises ? c'est qu'il est un axiome qui dit : *il faut faire comme les autres.* C'est pourtant très-ordinairement comme les autres qu'il ne faut pas faire.

Les plus vicieux ne sont pas ceux qui commettent le plus de crimes, mais ceux qui les méditent le plus profondément.

Les premiers mouvemens sont humains. La réflexion est égoïste.

Il faut tâcher de ne rien faire mal, mais il ne faut pas trop bien faire les petites choses.

Il étoit un officier-général qui brodoit lui-même ses habits. Il les brodoit très-bien, et peut-être étoit-il plus vain de son talent que de son grade. Il a péri à Cayenne, par la suite des mesures qu'a prises le Directoire, le dix-huit Fructidor; il ne le méritoit pas, il brodoit lui-même ses habits.

Les créanciers les plus durs, sont communément les débiteurs les plus inexacts.

Ce dont on est le plutôt las, c'est des peines d'autrui.

Il n'y a pas de raison inhérente et primitive qui force les catholiques à prier Dieu en latin; quand le Christianisme s'établit à Rome, le latin y étoit la langue vulgaire.

Le méchant qui sait penser, a l'idée, et peut-être quelquefois le desir de toutes les vertus. Mais le courage de revenir, la force de se dompter lui manquent; et les bons.... hélas! aucuns vices ne leur sont étrangers; et s'ils ne succombent pas, combien ne sont-ils pas près de succomber! O vertu, vertu que tu es belle! mais quels efforts ne faut-il pas pour te conserver?

Rentrons en nous-mêmes, étudions-nous avec scrupule; nous apprendrons le secret de notre foiblesse, et nous nous garderons bien de juger les autres avec sévérité. Quelques énormes que soient leurs fautes, qui nous dit qu'elles ne sont pas en partie expiées par l'excès de leur douleur; et qu'au moment qu'ils viennent de s'abandonner aux plus grands crimes, ils ne sont pas près de s'élever aux actions les plus héroïques?

Tomber et se répentir, voilà le cercle que parcourt l'homme qui n'est pas tout-à-fait corrompu. Le sage se craint, se combat et triomphe ; mais sa victoire n'est assurée que lorsque l'âge vient tempérer la violence de ses passions. Alors, dans un port assuré, il jouit du bonheur d'avoir échappé aux écueils ; mais il n'oublie pas qu'il a souvent été au moment de se briser contre eux.

Il est des vices qui, par leur éclat, par leur énergie, obtiennent presque l'absolution des crimes.

On peut pardonner au vice ses excès, et non pas son audace.

La plus misérable des positions est celle où l'on est entouré d'hommes qui donnent la forte tentation de la haîne, et la nécessité du mépris.

Quand on sent la nécessité de réparer, on est bien plus près de la vraie sagesse que lorsqu'on n'a jamais failli.

Aux yeux de la raison, ce qu'il y a de plus incompréhensible, c'est le cœur du méchant. Que veut-il? répandre la désolation, la douleur et le désespoir. Il y parvient ; mais parvient-il en même tems à se rendre heureux lui-même? Non ; son ame est déchirée par de plus affreux tourmens qu'il n'en fait éprouver ; son semblable le fait trembler, celui qui ne l'est pas le fait frémir.

Les privations sont mères des jouissances.

On est peu généreux quand on craint trop de recevoir.

Pour se dispenser de soulager les malheureux, on les juge.

Il faut avoir souffert, peut-être même faut-il encore souffrir, pour avoir de grandes jouissances.

Demandez ce que vaut un louis à celui qui n'a pas toujours du pain.

Les richesses nuisent plus au bonheur qu'elles ne lui sont utiles.

Les richesses épargnent des soins, mais ôtent son exercice à l'intelligence, et cet exercice est la première des jouissances.

Quelle est l'ame douce, tendre, vertueuse, qui méditant sur le bonheur, n'a pas plutôt arrêté ses yeux sur les chaumières qu'elle ne les a portés sur les palais !

C'étoit sous des lambris dorés, sur une table incrustée d'or, et des émaux les plus précieux, que Sénèque prêchoit le mépris des richesses. Azaïel parle de leurs inconvéniens, de leur inutilité pour le bonheur, quand, dans une vieillesse entiérement décrépite, avec toutes les infirmités

infirmités dont l'homme peut être accablé, il est réduit à une pauvreté véritable, une pauvreté très-grande, presque absolue, et que, banni de sa patrie, il n'a de ressources que la commisération, tranchons le mot, que la charité des étrangers; mais il sent qu'il est possible de plus acquérir par ses pertes, qu'on ne possédoit par sa fortune.

Le riche qui veut bien placer son argent, donne.

Le droit le plus sacré aux bienfaits, c'est la reconnoissance.

Si les gens qui n'ont qu'une fortune bornée savoient s'en contenter, et conservoient plus de dignité, les riches auroient moins d'insolence.

L'homme riche, tombé dans la pauvreté extrême, est ordinairement plus généreux qu'il ne l'étoit dans son opulence.

Croire l'existence de Dieu, convenir que l'homme se livre au vice, et nier sa liberté, c'est admettre à la fois les idées les plus contradictoires. Si Dieu existe, et que l'homme ne soit pas libre, il doit être nécessité à faire le bien, ou bien Dieu est malfaisant et absurde. Si Dieu n'est ni absurde ni malfaisant, comme tout le démontre, et que l'homme fasse le mal, il a la liberté du choix. Le remord est encore une puissante preuve de cette liberté. Comment se répentiroit-on de ce qu'on n'a pas fait volontairement ?

La pensée habituelle de la mort répandroit un grand calme sur la vie, la délivreroit des agitations les plus fortes, étoufferoit le germe de tous les crimes.

La superstition est à la piété ce que la pusillanimité tremblante est à la prudence. La prudence et la piété sont sans audace ; mais leur marche assurée et ferme n'est ralentie ni détournée par des craintes fausses ou exagérées.

L'homme de tous les animaux est le seul qui ait la conscience de la mort. Il sait qu'il doit mourir, parce qu'il sait qu'il doit toujours vivre.

Les fautes contre la morale sont des effets de la foiblesse humaine; mais l'immoralité en spéculation et en systême, ne peut être que l'effet d'une méchanceté diabolique.

Celui qui travaille de toute sa puissance à la perfection du monde moral et du monde physique, est dans les voyes de la création.

C'est faussement qu'on appelle la vie des sauvages *l'état de Nature*. Cette vie est l'état d'abandon.

N'irritez pas un sot, sa haîne est irréconciliable.

Ce qu'il y a de plus inflammable, c'est l'amour-propre d'un sot.

Il n'y auroit point de sots, si tous les hommes étoient simples et sans prétentions.

Le pays où il y a le moins de sots, à supposer qu'il y en existe, sont ceux où les mœurs sont restées les plus simples et les plus pures. On en trouveroit difficilement dans les villes d'Allemagne où il n'y a point de cours, en Suisse, et sur-tout dans l'Amérique septentrionale.

La sottise a pour principales causes, car elle n'est pas l'ouvrage de la Nature, la corruption des mœurs, et l'esprit de domination.

L'homme du monde, à cinquante ans, qui veut encore briller par le bel esprit, qui presque toujours en est l'abus, n'est pas un homme d'esprit, ou du moins d'un bon esprit.

Pourquoi les hommes s'abandonnent-ils si communément à la dissipation, à la licence, au désordre, et même se jettent-ils dans les plus grands écarts? C'est parce qu'ils trouvent trop rarement la paix, et presque jamais le bonheur chez eux. O femmes! de qui est-ce la faute?

Un Roi dissipé, galant, fastueux et prodigue, nuit plus à ses Peuples qu'un Roi tyran. Louis XI a fait moins de mal aux Français, que François I dans sa jeunesse, et surtout Louis XV dans ses vieux jours.

Les hommes sont comme les fruits. Il ne faut pas qu'on les entasse, si l'on ne veut pas qu'ils se gâtent.

Un bien grand homme, Colomb, sans le vouloir, a été le fléau d'un monde, et a beaucoup augmenté la corruption de l'autre.

La bonne compagnie des Français pourroit bien être comme ce Dieu des Athéniens, dont on parloit sans cesse, et qu'on ne connoissoit point.

Un Allemand disoit : *ce qui m'étonne le plus en France, c'est d'y voir appeller la bonne compagnie, les plus riches, les plus ignorans, les plus dissolus de la Nation.*

Un homme entre dans une maison. On lui demande d'où il vient : *de dîner dans la meilleure compagnie, chez le Prince de Verlieu, avec la Comtesse d'Orlans, l'Abbé d'Invière, le Marquis d'Arlis, Monsieur de Kanger, Fermier-Général, et la Présidente de Chaupigni.* Le Prince de Verlieu est devenu célèbre, parce qu'il est l'homme qui a séduit le plus de femmes, trompé le plus de créanciers, obtenu et vendu le plus de graces, et conquis beaucoup d'argent par la bassesse la plus audacieuse ; la Comtesse après avoir désolé pendant quinze ans un mari vertueux, l'avoir dérangé par l'excès de sa dépense, outragé par la licence de ses mœurs, en est enfin séparée et vit des ressources de l'intrigue; l'Abbé remplit auprès du Prince les fonctions que le Prince remplissoit autrefois auprès du Monarque; le Marquis, deux fois ruiné par le jeu et la débauche, a forcé la débauche et le jeu à lui rendre une fortune beaucoup plus considérable que celle qu'il a perdue. Par le moyen d'un grand souper, des cartes, d'une banque ruineuse pour les joueurs, et de beautés salariées pour être à leurs ordres, malgré la plus énorme dépense, son coffre-fort s'est bientôt rempli; le Fermier-Général est époux d'une femme respectable; il l'a chassée. Il a des parens honnêtes, il les méconnoît; mais il a un excellent souper, un sérail et des flatteurs, parmi lesquels il compte des courtisans; la Présidente boit du vin, vole au pharaon, entretient trois amans, et dit qu'elle est au-dessus des préjugés. Caton, juge de cette bonne compagnie, auroit bien pu la faire pendre.

C'est la compagnie de Versailles, très-secondée par celle de Paris, qui a corrompu, perdu la France.

Les Français sont un peu comme les singes. Ils ont besoin du mouvement perpétuel.

Un Peuple ne vaut plus la peine d'être observé, quand il n'a plus de nuances.

Avec un peu de délicatesse, on aime mieux être l'objet d'une épigramme ingénieuse, que celui d'une louange plate et directe.

La louange est le plus suave des parfums; mais, comme toutes les odeurs fortes, elle trouble le cerveau.

Quelque grand, quelque célèbre que vous soyez, vous perdrez votre renommée, si vous ne travaillez pas toujours à l'accroître.

Les grandes renommées dépendent souvent de leurs dates. Celle de la Roche-Foucault seroit moins grande, si Vauvenargue l'avoit précédé.

On admireroit bien moins Homère, s'il avoit eu des dévanciers; s'il n'en avoit point eu, l'on admireroit bien moins Voltaire.

Voltaire le savoit bien; la gloire contemporaine a besoin d'être sans cesse alimentée comme la lampe qu'on ne veut pas laisser éteindre. S'il n'occupe pas toujours de lui, l'homme le plus fameux tombe dans l'oubli. Il faut que la mort le ressuscite.

Il est tel genre qu'un grand homme crée et épuise.

Il y a eu beaucoup de mérite à imaginer de faire un livre de maximes et de résultats.

A présent il y en a très-peu à imiter les créateurs de ce genre, le plus facile de tous, puisqu'il n'exige que les moindres parties du grand art d'écrire, puisqu'il dispense de la méthode, de la liaison, des transitions et de l'harmonie. Il est plus aisé de trouver cent pensées justes et brillantes, que d'écrire quatre pages comme les écrivoient Bossuet, Fénelon, Voltaire et Rousseau, quand ils étoient au niveau de leur génie.

Un homme supérieur est rarement content. S'il se mesure, il se trouve bien petit relativement à ses idées de grandeur ; s'il mesure les autres, il les trouve bien plus petits encore.

Le plus beau présent que la Nature puisse faire aux hommes, c'est de donner à quelques-uns d'entre eux une imagination vaste, ardente et belle. C'est un soleil placé au centre des lumières, pour éclairer, échauffer, vivifier tous les mondes ; mais pour celui qui le reçoit, c'est le présent le plus funeste.

L'imagination qui créa les beaux vers du Tasse, la divine prose de Rousseau, les a fait vivre dans l'agitation, le trouble et le tourment de l'ame, et mourir dans la douleur.

Suivez les plus grands hommes, et sur-tout les femmes les plus célèbres, que de petitesse ! et l'Histoire ne nous dit pas tout.

Prendre et rendre, voilà tout le mécanisme de la Nature. Souvenir et prévoyance, voilà tout l'homme intellectuel.

Le cœur de l'homme est partagé entre la crainte et l'espérance, mais l'espérance a la meilleure part.

Le sourire d'un vieillard bien souffrant, bien infirme, mais bon et sensible encore, est comme un foible rayon de lumière qui perce à la fin d'un jour ténébreux du mois de Décembre; il donne aux ames tendres un plaisir doux et mélancolique.

Instruit, spirituel, encore sensible, s'il a vécu dans des sociétés choisies, beaucoup vu et pensé, le vieillard qu'on sait ranimer est un excellent livre.

L'on n'a jamais tant besoin de société, que lorsqu'on est mal avec soi-même; et l'on n'est jamais si mal avec les autres, que lorsqu'on est mal avec soi.

Les grandes vertus commandent le respect, les grands malheurs l'inspirent.

Il vaut mieux plusieurs vices qu'un seul: ils se tempèrent mutuellement. L'avarice, par exemple, contient la gourmandise; l'orgueil force l'avarice à des dépenses qu'elle ne feroit pas sans lui.

Il faut toujours conserver leur force aux

rélations établies par la Nature, et sanctionnées par les loix humaines. Un fils, malgré l'usage qui s'en établit, ne doit pas tutoyer son père. En leur conservant le respect que Dieu lui-même a commandé aux enfans d'avoir pour les parens, il n'en n'aimera que mieux les siens.

On l'a observé; l'entière égalité favorise la contradiction, et la contradiction souvent amène l'éloignement. Il est presque impossible qu'un père qui l'éprouve fréquemment, ne regrette pas le sacrifice qu'il a fait de sa dignité.

Dieu a dit aux Pères comme aux Chefs des Gouvernemens : *Je vous donne une part de mon autorité.* Laisser avilir la puissance qu'on a reçue de Dieu, c'est être coupable envers la Divinité.

Le tutoyement est plat, quand il n'est pas sublime ou passionné.

On songe bien plus à passer le tems qu'à le remplir.

Buffon a dit que l'ennui fait mourir la plûpart des hommes. On peut dire, au moins aussi sûrement, qu'il les fait mal vivre.

Des fléaux qui frappent la race humaine, le plus funeste c'est l'ennui. La méchanceté même ne fait pas autant de mal. Il détruit la régle, multiplie les fautes, et souvent produit les crimes.

L'ennui est une des nombreuses et des plus puissantes causes par lesquelles les Nations se démoralisent. Il tire les femmes de leurs ménages, éloigne les hommes de leurs occupations, distrait les négocians de leur commerce, arrache les artisans de leurs atteliers. Passif pour le bien, il devient actif pour se tirer de lui-même. Il porte le désordre dans toutes les classes. Il peuple les cafés, les cabarets, les maisons de jeu, et ces assemblées frivoles qui ne tardent pas à devenir vicieuses. Par lui, tout languit, tout s'éteint; les Etats dépérissent. C'est lui que les Législateurs doivent reconnoître comme le plus destructeur de tous les principes, et combattre de toute la puissance de leur génie. Est-ce en multipliant, en variant les amusemens pour le Peuple, qu'ils en triompheront? Non; mais en donnant de l'attrait aux devoirs, du charme aux occupations, et de l'intérêt pour la chose publique. Cela est possible; les Anglois en offrent la preuve jusqu'à un certain point.

La ville où l'on a le plus d'ennui, est nécessairement celle où on ne cherche que l'amusement.

Nos Aïeules ne s'ennuyoient pas dans leurs

châteaux, dans leurs campagnes, dans leurs ménages. Pourquoi nos femmes et nos filles s'ennuyent-elles avec les ressources des bals, des spectacles, des amusemens de tous les genres ? Les vrais intérêts leur manquent. L'esprit de famille n'existe plus.

Excepté la vengeance et l'amour, c'est de l'inquiétude et de l'ennui que toutes les passions naissent. Quel remède ? Un seul, mais certain; une forte occupation, non-seulement du corps, mais de l'ame.

Pour ne pas déplaire, la contradiction a besoin de beaucoup d'adresse. Les uns contredisent par humeur; leur contradiction est âpre et non pas habituelle; les autres contredisent, parce qu'ils ont l'esprit faux, parce que la pensée juste est nécessairement opposée à la leur: ceux-ci contredisent toujours, et sont les fléaux des bonnes conversasions. Comme les mouches d'automne, ils sont insupportables, et l'on ne peut s'en défaire.

Le jeu, du moins, a cela de bon; il occupe les désœuvrés et délivre, pour quelque tems, ceux qui ne le sont pas de leur conversation.

La ville la plus heureuse, n'est pas celle où il y a le plus de richesses, de distractions et d'amusemens; mais celle où il y a le plus de mouvement, d'occupations et de mœurs.

L'ennui a peut-être enfanté plus de projets que l'amour de la gloire et le desir d'être utile.

S'il n'y avoit point d'ennui, il y auroit bien peu de crimes.

C'est une triste situation pour un bon esprit, de se trouver en tiers avec deux beaux esprits.

Les enfans jouent à un jeu qu'ils appellent les *osselets*; les Tyrans jouent au même jeu, mais avec des ossemens humains.

Si de votre serviteur vous faites votre égal, il sera bientôt votre maître.

Celui qui pense et sent fortement, trouve qu'il vaut mieux servir les hommes que leur plaire.

Sans intérêts véritables, il est des gens qui ne s'ennuyent jamais ; ce sont les sots actifs. Ils se donnent beaucoup de mouvemens pour des minuties, mettent la plus grande importance aux plus petites choses. Ils sont heureux ; mais d'un bonheur qui ne convient qu'à eux.

En scrutant le cœur humain, on trouve dans l'ennui la véritable cause de ses maux et de ses vices.

La pire des conditions, est celle qui fait trouver son bien dans le mal des autres.

Il est impossible d'être très-poli, si l'on

n'a pas un esprit délicat et le tact des convenances.

Une maxime très-vraie et d'une aimable simplicité, se trouve dans un petit livre suisse; quand on ne loue qu'*autant qu'on le doit, on flatte peu, et souvent on offense.*

Celui qui plaît toujours, n'émeut jamais; et les vives émotions sont nécessaires aux ames énergiques et tendres.

L'homme heureux est celui qui a beaucoup d'esprit, une bonne santé, peu de caractère, des goûts très-variés, une fortune assez considérable et point de passions; mais il ne faut pas qu'il vieillisse.

Faire de l'amitié un système, ne la pas mettre au premier rang des passions vives et pures, c'est ne connoître que l'homme corrompu par les grandes sociétés, et dégradé par les petits intérêts.

Un homme d'esprit peut aisément se passer de la société des gens d'esprit; mais une ame tendre a besoin de l'association d'une ame tendre.

Il est affreux, dans la tristesse, d'intéresser les indifférens et d'être négligé, abandonné par ceux qu'on aime; ce douloureux contraste porte la mort dans le cœur.

L'homme tigre est le plus terrible ; l'homme singe est le plus méprisable.

On peut parler très-bien, et causer très-mal.

On trouve plus de charme à consoler qu'à féliciter ses amis. Ce sentiment n'est pas un effet de la perversité humaine : il est produit par le besoin que nous avons de nous intéresser et de nous attendrir.

L'homme le plus généralement reconnu pour être aimable, est presque toujours un homme médiocre et foiblement aimé.

C'est une bien grande peine de pleurer un ami mort ; c'en est une bien plus grande de pleurer un ami vivant.

Les ames ardentes et passionnées sont comme les volcans de l'Islande, qui font jaillir les flammes à travers les neiges et les glaces. L'homme passionné a presque toujours l'extérieur froid.

Dans les pays où l'on vit sans cesse dans des sociétés de dissipations et de plaisirs, il n'est point d'amans ni d'amis.

Celui qui cherche continuellement à plaire, est bien loin de sentir.

L'homme qui a le plus de jouissances suprêmes, c'est celui qui a du génie, un caractère passionné, et des sentimens profonds ; mais s'il jouit quelquefois comme un dieu, il est habituellement le plus infortuné des mortels. Il ne se trouve presque jamais d'ames au niveau de la sienne. Il est comme le soleil qui éclaire et qui brûle, mais son feu ne lui est pas renvoyé.

C'est par le cœur qu'on est sublime.

Homme bon et profondément sensible, n'aimes rien, plutôt que de choisir pour ton ami l'homme doux, aimable et facile, et sans cesse occupé du desir de plaire universellement. Il te charmera peut-être par son esprit et ses graces; mais il te désespérera par sa légéreté. En vain absorberas-tu tous tes sentimens en lui, lui donneras-tu ton ame toute entière, trop foible pour supporter le fardeau de ta richesse, il ne la recevra pas. Loin de te rendre énergie pour énergie, il ne saura pas seulement se laisser aimer. Si la Nature, cruelle envers toi, a placé dans ton sein le cœur d'Oreste, attends pour former les nœuds d'une délicieuse amitié, que tu trouves le cœur de Pylade.

L'amitié vive, énergique et sublime, est un amour sans sexe, et qui peut être aussi ardent que celui où les sens ont part. Les guerriers du bataillon sacré des Thébains, les frères d'armes de notre ancienne Chevalerie avoient des desirs à offrir à leurs maîtresses : leurs sentimens profonds appartenoient à leurs amis.

La rose communique ses parfums, la sagesse

communique son esprit. Approchons nos vêtemens de la rose, approchons-nous de la sagesse.

Un bon esprit n'a presque à faire, en lisant l'Histoire, qu'à déplorer les égaremens et l'extravagance de l'esprit humain, qu'à gémir, en voyant combien les hommes ont été malheureux, parce qu'ils n'ont été ni justes ni raisonnables.

Les classes les plus corrompues d'une grande Nation, sont la première et la dernière. A Naples, les Lazzaronis....

La plûpart de ceux qui gouvernent, sont ceux qui auroient le plus besoin d'être gouvernés. Voyez leurs vices, leurs bassesses, leurs crimes et sur-tout leur audace. Ils peuvent tout, parce qu'ils osent tout risquer. Si on leur disoit: *pourquoi remplissez-vous l'Empire de prisons, de gênes, pourquoi le couvrez-vous de décombres, pourquoi bouleversez-vous toutes les fortunes, pourquoi répandez-vous tant de sang, pourquoi ces échafauds si nombreux et toujours en activité?* dans un moment de bonne foi, ils répondroient naïvement: *j'ai besoin d'émotions fortes, je m'ennuie.* Par cet engourdissement de l'ame, combien de choses on expliqueroit!

Le tems passe dans la douleur aussi vîte que dans la prospérité. Peut-être même les heures

ont-

ont-elles plus de rapidité. Dans l'excès du malheur, l'ame ne connoît pas l'ennui. Forte, elle ne connoît pas non plus l'abattement. Elle pense, s'élève, apprécie, jouit de ses efforts, espère et voit sa récompense dans l'éternité.

Liberté, est un de ces mots vagues et magiques, dont le sens seroit difficilement fixé, et avec lequel on trompe les hommes autant qu'on veut.

Telle que je la conçois, la liberté est sans doute le premier des biens dont l'homme puisse jouir ; mais, comme tout ce qui est essentiellement bon, elle ne peut être le prix que de la vertu.

Si tous les hommes étoient sages, le monde seroit dans l'anarchie, ou bien quelques-uns d'entre eux joindroient une bien haute vertu à la sagesse. O Dioclétien, Dioclétien ! combien tes dernières années ont été sages !

Dans les premiers tems de la révolution, un représentant du Peuple, qui auroit voulu se borner à dire ce qu'on peut penser de plus raisonnable sur le Gouvernement, se seroit contenté de lire à la tribune la fable *de la tête et de la queue du serpent*. Quel sens, quelle vérité cette fable renferme ! Que ne peut-on s'en convaincre, s'il en est encore tems ! Législateurs, lisez, réalisez-la mille fois cette fable. Le bon homme étoit prophête.

Quelques hommes sont comme le cachet qui imprime. La foule est comme la cire qui reçoit l'empreinte.

Si le monde n'étoit pas divisé en Nations rivales, les hommes seroient encore plus corrompus.

Pour qu'une Monarchie prospère, il faut qu'elle ait un bon Roi. Il ne faut aux Républiques que de bonnes Loix; mais ces Loix sont bien difficiles à faire.

Le patriotisme des Romains étoit la conjuration de Rome contre toute la terre.

Souvent, c'est ce qu'on désapprouve le plus, qu'on est forcé de tolérer davantage.

Plus une réforme est nécessaire, plus elle est difficile.

On veut des places; mais, sur-tout dans les pays où elles sont temporaires : les places valent-elles les sacrifices qu'on est forcé de leur faire, la conscience et le repos ?

On entre dans les places avec l'estime; souvent on en sort pour tomber dans l'oubli, si ce n'est dans le mépris.

Les hommes sont si lâches, que pour tout pouvoir, il suffit de tout vouloir.

Plus un Empire est vaste, et plus il est corrompu. Si cet Empire devient une République, cette vérité acquiert bien plus de force.

Les Gouvernemens seroient tous à-peu-près bons, s'ils étoient peu étendus. Ils ne doivent être que la surveillance modifiée selon les qualités et les mœurs ; et cette surveillance, éclairée par les regards de tous les sujets, seroit toujours agissante, et voudroit toujours bien agir. Les Gouvernans craindroient, respecteroient des yeux qui pourroient les voir, et des voix qui pourroient se faire entendre.

Si les hommes étoient sages, peu leur importeroit la distance de leurs limites. Ce qui leur importeroit, ce seroit d'avoir l'abondance, l'ordre, la paix et la raison dans leurs limites.

Un méchant peut faire de grandes choses ; mais il est impossible qu'il soit un grand homme. Si cette observation pouvoit avoir une exception, ce qui n'est pas, Richelieu la donneroit.

En faisant sortir les Nobles de leurs châteaux, Richelieu a renversé la Monarchie.

De bons Gouvernemens, sont ceux où le Peuple n'est exclu de rien ; mais le Peuple, le vrai Peuple, et non pas la populace.

Un Gouvernement qui ne conserve pas la Religion dans son Empire, laisse éteindre la lampe qui veille pour lui.

Parmi les fautes du ministère de M. de Choiseul, elles ont été nombreuses et fortes; l'une des plus grandes est la destruction des Jésuites.

Comment les Médecins croiroient-ils à la Médecine? Ils voient bien qu'ils ne se portent pas mieux, et ne vivent pas plus longtems que leurs malades.

Un homme d'un très-grand mérite, fort instruit, sensible, tendre et mélancolique, longtems même avant la révolution, ne se consoloit pas d'être né Français. Trouvoit-il alors ses compatriotes trop frivoles, ou voyoit-il déja en eux le germe qui s'est si épouvantablement développé depuis?

Minzel étoit, car il n'est plus lui-même, un homme véritablement supérieur. D'une sensibilité forte, il faisoit, et faisoit avec amour tout le bien qu'il pouvoit faire; aimer étoit son besoin. Son plus grand bonheur étoit de le satisfaire. Il est tombé dans la mélancolie la plus profonde. Quelques fleurs, des oiseaux, son chien, son chat, son vertueux domestique, voilà toute sa société. Il n'est pas devenu malveillant, mais absolument sauvage. La vue d'un homme lui fait éprouver une sensation pénible. On lui demandoit pourquoi il se livroit à cette misantropie excessive. A la vérité, lui disoit-on, les brigandages civils vous ont enlevé la plus grande partie de vos biens ; mais ils vous ont laissé plus qu'il ne vous faut pour vos besoins et même pour satisfaire vos desirs modérés. Aucuns de vos amis, aucun de vos proches n'a péri sur l'échafaud. La révolution ne vous a pas fait tout le mal qu'elle pouvoit vous faire. *Elle ne m'a pas fait tout le mal qu'elle pouvoit me faire ! elle a déroulé devant moi le tableau des forfaits les plus hideux, elle m'a fait connoître l'homme. J'ai vu les scélérats audacieux tout renverser, tout immoler, tout détruire. Ils ont traîné dans la fange les images de mon Dieu ; ils ont réduit les gens de bien à la misère ; ils ont jetté dans les cachots et fait couler le sang par les massacres ou les supplices, d'une multitude d'hommes vertueux. D'autres scélérats, moins énergiques, qui n'avoient pas eux-mêmes le secret de leurs vices, sont devenus leurs complices, et ont profité de leurs crimes. Ils se sont mis à la place des propriétaires dépouillés, ont envahi les biens qu'on n'avoit pas droit de leur transmettre. Ils ont tout pris, tout bravé. Par-tout s'est montrée la plus odieuse iniquité, l'ingratitude la plus noire ; il n'est resté aux opprimés que leur lâcheté, qui certes est grande, et à la France que la dépravation générale. La Révolution pouvoit me faire plus de mal ! Non ; je n'estime plus, je n'aime plus.* De grosses larmes rouloient dans ses yeux. Il s'enfuit dans les campagnes avec la vélocité d'un trait, erra dans les forêts, jusqu'à ce que la nuit l'en chassa; et sur sa couche privée du sommeil, il se replongea dans ses pensées lugubres et douloureuses. (*)

(*) Il n'est pas étonnant que ce dernier morceau, écrit dans une prison dont l'échafaud étoit la perspective, soit d'une teinte très-sombre; mais l'horison de la France s'est éclairci; et si le Gouvernement actuel remplit l'idée qu'il a fait concevoir de lui, la justice sera rendue aux Français, et avec la justice tout se rétablit, tout se répare; mais qu'il ne la fasse pas attendre. Il est encore des milliers de victimes de l'iniquité. Jugez-nous, jugez-nous; nous avons le droit de vous le demander; vous n'avez pas celui de vous refuser à notre demande. Vous ne nous devez point de graces; mais, encore une fois, vous nous devez prompte justice.

Si des esprits timides et foibles peut-être, m'accusoient de trop de hardiesse, ils auroient tort. Demander la justice à des hommes équitables, c'est leur rendre hommage. D'ailleurs, *qui va répondre à Dieu, parle aux hommes sans peur.* Volt. Tancrède.

L'HÉROÏSME

DE LA CHARITÉ.

Celui qui exerce la justice et la miséricorde, trouvera la vie, la justice et la gloire (Prov. chap. 21.)

LA Philosophie, qui s'élève contre tous les principes religieux, a beau prêcher la bienfaisance et l'humanité; elle ne fera jamais atteindre à cette charité puissante en œuvres, que la Religion commande et inspire. Pour produire les mêmes effets, il faut une égalité de force dans les motifs, dans la persuasion et dans les intérêts. Le Philosophe qui doute de tout, raisonne sur la vertu, en lui ôtant la base la plus assurée; tandis que l'homme dont la foi est inébranlable, la pratique avec constance, ou du moins a la volonté d'y revenir, lors même que sa foiblesse ou ses passions l'en écartent. C'est lui qui s'élevera aux dévouemens les plus sublimes, qui fera les sacrifices les plus pénibles et les plus générreux. Qu'un effroyable incendie dévore un édifice, le Philosophe s'écartera et restera de loin spectateur froid et tranquille ; mais le bon capucin, qu'il a si souvent voulu ridiculiser, volera sur les toits, bravera les flammes, et sur des solives embrâsées portera des secours, où le charpentier le plus intrépide à peine osera le suivre.

L'ame qui croit avoir des comptes à rendre à un Dieu, qui se flatte de pouvoir mériter et qui attend des récompenses, est capable d'efforts bien autrement héroïques, que celle qui, flottant dans ses opinions, cherche à détruire les raisons d'espérer et de craindre. Parmi la multitude des preuves que j'en pourrois présenter, je vais en choisir une bien constatée, et qui ne sera pas suspecte, puisque je la dois à un écrivain aussi connu par la hardiesse de ses sentimens, que par la supériorité de ses ouvrages.

Le Curé d'une paroisse considérable, dans une grande ville de Province, étoit continuellement occupé des importans devoirs de sa place. Sa sollicitude étoit celle d'un père éclairé et tendre. Continuellement il instruisoit, consoloit et secouroit ; mais ses revenus modiques, malgré la sagesse avec laquelle il répandoit ses aumônes, étoient loin de suffire aux besoins de ses pauvres, et moins encore à ceux de son zèle ; cependant, par le talent qu'il avoit de porter l'attendrissement dans le cœur des riches, et d'animer leur charité, aucun de ses paroissiens n'éprouvoit une extrême misère; tous les malades étoient soignés, tous les infirmes nourris et vêtus, tous les orphelins élevés. Heureux par ses vertus, il en jouit long-tems sans trouble et sans nuage; mais le sage même, et sur-tout l'homme bon et tendre, ne coule pas tous ses jours sans avoir des larmes à verser.

Une horrible épidémie se répandit sur le troupeau du sensible Curé. Elle s'annonça d'abord avec les symptômes les plus menaçans, et ne tarda pas à produire les effets les plus funestes. Nulle famille sans malades, nulle maison sans mort ou sans agonisans; mais comme une Providence active, le Curé étoit par-tout, partout il faisoit porter des alimens, des remèdes et des soins. Il inspiroit son courage et son exemple, apprenoit à braver les dangers.

Cependant on conçoit, que ce n'étoit pas sans une dépense fort disproportionnée à sa fortune, qu'il parvenoit à donner des gardes, à prodiguer toutes les espèces de secours à cette foule de malades, dont la plûpart n'avoit dans l'état de santé que leurs bras et leur industrie, pour nourrir eux et leurs femmes et leurs enfans. Il commença par vendre tous ses meubles, et ceux qui n'étoient pas indispensablement nécessaires à son église, et obtint par cet empire, que donne la véritable vertu, surtout quand elle est simple et tendre, des sommes assez considérables de ses concitoyens: mais quand le tems de la calamité se prolonge, hélas! l'intérêt tarde trop peu à se refroidir. Chaque jour il diminuoit, et l'épidémie ne perdoit rien de sa force.

Déja le bon Pasteur ne savoit plus quels moyens employer, lorsqu'il apprit qu'un financier arrivé de Paris très-pauvre, et devenu très-riche depuis qu'il étoit en Province, avoit passé la nuit au jeu, et gagné une somme très-forte. A peine le connoissoit-il; cependant, il n'hésite pas à se rendre chez lui. Il se fait annoncer; on lui refuse la porte; il insiste; et après une grande résistance on le laisse pénétrer. Il trouve le financier prêt à se mettre au lit, accablé de la fatigue d'une longue veille, et de l'agitation que donne nécessairement le gros jeu. Il lui fait la peinture la plus déchirante de la maladie, de l'extrême misère où tant d'infortunés sont réduits, et les yeux baignés de larmes, il demande de prompts secours pour eux. Pressé de se coucher, le financier tire avec humeur douze sols de sa bourse, les présente au Curé, et sans respect pour ses cheveux blancs, pour son caractère, et sur-tout pour les motifs respectables qui l'ont amenés, il lui reproche durement l'indiscrétion qu'il commet, en venant à une heure pareille. Le Curé demande la permission de parler encore, et sans l'attendre, fait un discours plus fort, plus pathétique que le premier, et implore une assistance plus considérable pour ses pauvres, que douze sols ne peuvent soulager. On lui répond par des sarcasmes, par des injures, par des outrages. Il ne se rebute point; il emploie toutes les ressources de l'éloquence du sentiment; il caresse, il flatte; mais loin d'être touché, l'homme de fer s'emporte au point de donner un souflet au vénérable Ministre des Autels, qui n'en est pas ému. Calme comme l'ange de la paix, le sourire sur les lèvres, la sérénité et la tendresse encore dans les yeux, il dit : *Vous m'avez fait mon partage; et mes pauvres, les oubliez-vous?* A ces mots si simples, le cœur d'airain fut enfin brisé; le financier tomba aux pieds du Pasteur, les baigna de ses larmes, s'en arracha pour voler à sa cassette, lui remit non-seulement le gain qu'il avoit fait la veille, mais encore une année entière de son revenu. Il a fait plus, il a eu le courage de raconter cette histoire; et il est à présent aussi estimable qu'il paroissoit auparavant devoir l'être peu. (*)

(*) Cette histoire m'a été racontée, il y a plus de quinze ans, par M. de Villete. Hier, en feuilletant l'*Année deux mille quatre cent quarante*, j'ai été très-surpris d'y trouver un trait qui a quelque rapport avec mon récit. Je n'avois point connoissance de la nouvelle édition du cit. Mercier, quand je l'ai écrit : et en l'écrivant, mon seul mérite a été de recueillir une anecdote qui doit être précieuse aux amis de l'humanité.

Le 22 Février 1800.

LETTRE À M. AUDRAIN,

Négociant à Pittsburg. (*)

NON, mon ami, non jamais je ne serai coupable de l'horrible crime de lèze-reconnoissance, et de lèze-amitié. Les Mers me séparent à présent de vous. Trop vraisemblablement les circonstances, la vieillesse, les maladies et le besoin de se ménager, enfin une retraite stable et tranquille, quand on a mené une vie errante, agitée, sans cesse tourmentée, et quand on est vaincu par l'âge, par les infirmités et les souffrances, ne me permettront

(*) J'envoie cette Lettre à la découverte ; si elle a du succès, je tâcherai de rassembler d'un recueil considérable de Lettres écrites de l'Amérique septentrionale, que les événemens révolutionnaires ont en très-grande partie détruit, de quoi composer un volume. S'il s'imprime, je ne crains pas d'annoncer qu'il aura de l'intérêt : du moins, il aura celui de la nouveauté et de la vérité. Les circonstances n'ont pas permis qu'on en laissât paroître trois, imprimées comme essais, chez Prault en 1792. Alors régnoit la Gironde. A la Gironde, d'autres factions ont succédé, et la liberté de la presse n'a plus été que celle de courir tous les risques.

pas de me rapprocher de vous ; mais mon cœur revolera toujours dans les lieux où vous êtes ; il conservera toujours le doux et tendre souvenir des jours que vous m'avez fait passer au Fort-Pitt, où je n'avois au monde que mes projets vastes et riants, vous et la Nature. (*) Combien votre société avoit de charmes pour moi ! combien nos entretiens me paroissoient aimables ! combien nos souvenirs étoient attachans ! combien nos spéculations avoient d'intérêt ! comme notre imagination, vive encore, les embellissoit ! Après tant de chagrins et d'orages, dont j'avois été battu, vous aviez su me réconcilier avec la vie. Belle Monogahéla, large et limpide Aléghani, (**)

(*) Le Fort-Pitt doit son origine aux Français. Ils l'élevèrent pour être une barrière contre les Anglois et les incursions des sauvages. Ils lui donnèrent le nom de Fort-Duquène, hommage très-mérité pour un chef qui réunissoit aux talens militaires les vertus du sage. Il semble qu'un amour-propre plus éclairé devroit respecter les dénominations originaires ; elles rappelleroient les succès ; et les noms nouveaux les les font oublier.

(**) C'est au confluent de la Monogahéla et de l'Aléghani, qu'est bâti le Fort-Pitt A leur réunion, elles prennent le nom d'*Ohir* ou *Belle rivière*. Leurs rives sont superbes et riches, par la culture et la fécondité. Elles sont et seront long-tems heureuses par

sur vos paisibles et délicieuses rives mon bonheur est resté ; je ne le retrouverai pas sur les bords des rivières de France, d'où la paix semble pour long-tems fugitive.

Quand, forcé par ma fatale destinée à quitter le séjour que j'ai le plus chéri, il fallut que je me transportasse à Philadelphie ; vous m'y avez accompagné. Quels services ne m'y avez-vous pas rendu ? Sans vous, je ne me serois pas défendu contre l'astuce Américaine. A mon départ, vos larmes ont coulées sur mon sein. Vos yeux, tant qu'ils ont pu le voir, ont suivi le navire qui enlevoit votre ami loin du pays de la paix, du repos et de l'amitié, pour le transporter sur une terre me-

---

la paix, les mœurs, l'abondance et la simplicité. Là, vraisemblablement n'existeront jamais de Cours pour avilir et corrompre la fragile humanité ; là, des esclaves pervers, lâches et féroces, en rompant leurs chaînes, n'en forgeront pas des poignards pour égorger leurs frères plus tranquilles, moins barbares, plus raisonnables qu'eux ; là, pendant de longues années encore, on manquera des jouissances que procurent le luxe et les arts ; mais on y sera riche des dons d'une Nature féconde, inépuisable et magnifique, et heureux par l'absence des passions impétueuses et des vices qui corrompent, désolent et détruisent les peuples nombreux et anciennement civilisés. Il n'est de bonheur que pour les sociétés qui commencent comme les Etats-Unis ont commencé.

nacée de toutes les convulsions et de tous les malheurs que la désorganisation amène ; les miens attachés sur le rivage, étoient obscurcis par mes pleurs, et le regardoient long-tems encore après qu'ils ne le voyoient plus. Que d'agrémens, que de biens m'a fait perdre la nécessité de revenir dans ma patrie ! du moins la mémoire m'en restera. Cette mémoire des biens qu'on n'a plus, est un dernier bien pour l'infortuné qui les a perdu.

Sur un vaisseau léger, joli et propre, avec un excellent Capitaine Américain, et des passagers bons et honnêtes, ma traversée a été courte et heureuse. Jour pour jour, après un mois de voyage, je suis arrivé dans le magnifique port de Londres. Quel tableau majestueux il présente ! quelle idée il donne de la richesse, de la puissance du Peuple Anglois ! Les édifices, les palais, les cités opulentes frappent moins l'imagination qu'une immensité de vaisseaux rassemblés dans un vaste bassin, qui semblent toujours prêts à porter au reste de l'Univers les ordres d'une Nation dominante, à lui rapporter le tribut des plus précieuses productions, et qui justifient ce vers de M. le Mière, qui en a semé un grand nombre de très-beaux dans sa poésie rocailleuse.

Le Trident de Neptune est le sceptre du monde.

Après

Après avoir vu Philadelphie, Londres ne m'a pas étonné. L'une est une estampe fidelle, quoique pâlie, dont l'autre est le tableau. J'ai retrouvé vos maisons de briques, vos façades étroites, vos petites portes sépulcrales, vos marteaux de cuivre, et par-tout l'oubli de l'architecture; et, ce qui est pis, l'ignorance des distributions, et l'entière négligence des commodités. Les tavernes angloises sont à-peu-près les mêmes que celles des bonnes villes d'Amérique. On s'y rassemble avec autant d'empressement; on y mange du bœuf, qui seroit excellent, si l'on vouloit un peu plus l'attendre et le faire cuire davantage; des poudaings de toutes les manières, des choux, des pommes de terre; des légumes communs, qui demeurent insipides par l'extrême simplicité de leur apprêt, et l'unique et éternelle sauce au beurre. Sur les bords de la Tamise, comme sur ceux de la Délaware, on s'enivre sérieusement avec du *porter*, (*) des vins lourds et plats de Portugal, et de ceux de Madère, qu'on rend plus ardens encore par l'eau-de-vie qu'on y ajoute; cependant, les bons vins de France caressent souvent les gosiers anglois. Il faut que le flegme des deux peuples

(*) Bierre forte et vraiment très-bonne.

leur soit bien à charge, puisque par le moyen des liqueurs fortes et peu agréables, ils cherchent si souvent à l'animer. Quand ils y sont parvenus, viennent, ou la grosse joie et les plaisanteries plutôt fortes que gaies qu'elle inspire, ou les longs débats politiques, la satyre du Gouvernement et les déclamations contre ceux qui l'administrent. George, Pitt et le Parlement en sont encore moins à l'abri que Washington, Hamilton et le Congrès. (*)

A quelques nuances près, les Anglois sont les mêmes dans les deux mondes. Bien des causes concourent à conserver leurs mœurs primitives. Concentrés dans leur isle, où séparés des hommes civilisés et par les mers et par leur immense continent, leur sang se mêle rarement avec celui des autres Peuples. Heureux

(*) M. Hamilton, Ministre des finances des Etats-Unis, homme de beaucoup d'esprit et d'une grande sagesse, seroit capable de bientôt élever l'Amérique septentrionale au plus haut degré de prospérité politique, s'il étoit sécondé par l'esprit national; mais les Américains divisés en plusieurs Etats, malgré leur confédération, sont très-divisés d'intérêts. Le bien général les touche peu, et leur fédération, au lieu de leur être utile, nuit à leurs progrès. Peut-être aussi seroit-il à désirer que le Président des Etats-Unis, le respectable Washington, à ses grandes qualités joignît un peu plus d'énergie.

par leur Gouvernement et peut-être par leur esprit de méditation, ils cherchent peu les communications étrangères. Quand on est content chez soi, l'on n'a guère besoin de se répandre au dehors. Loin d'être froids, mais sérieux, ils n'inspirent pas le desir vif de beaucoup se rapprocher d'eux. Le Philosophe veut les connoître, parce qu'il sent qu'ils méritent de l'être; mais ils sont trop différens de l'homme léger, pour qu'il les recherche : d'ailleurs, jouissant du bonheur, les distractions et les plaisirs ne leur sont pas nécessaires, et l'opinion, peut-être un peu exagérée de ce qu'ils valent, les rend souvent injustes envers les autres. Si par leur caractère ils forcent à l'estime et même au respect, leur orgueil ne permet pas qu'ils plaisent, et qu'on les aime autant qu'ils doivent être aimés. Je voudrois avoir un Anglois pour ami; ce n'est pas dans une société d'Anglois que je voudrois vivre. Ils font trop peu de cas de la politesse et des graces. Mais à qui adresse-je ces observations? à vous, mon ami, à vous qui connoissez aussi bien l'Angleterre que nous connoissons tous deux la France; à vous qui vivez depuis quinze ans en Amérique; à vous qui savez si bien voir et si bien juger. Mais qu'importe, je ne vous donne pas ces idées comme nouvelles;

je vous les donne seulement comme mes pensées, et toutes mes pensées sont votre bien.

J'ai peu resté à Londres, je suis rentré en France par Calais.

A peine mon pied eut-il touché la terre, que je me vis entouré, assailli, tiraillé en sens contraires, par cinq ou six grandes et jeunes filles ; cet accueil me parut extraordinaire. Cependant, je n'en fus pas long-tems surpris ; ces belles demoiselles étoient des servantes d'auberges, qui venoient chercher et procurer des hôtes à leurs maîtres. Je fus bientôt décidé par celle qui prononça le nom de M. Dessain, ce nom célèbre dans les annales des voyageurs, et que l'immortel Sterne, dans son Voyage sentimental, a rendu plus fameux encore. Je ne balançai pas à lui donner la préférence, quoique bien sûr qu'il m'en coûteroit au moins une guinée de plus.

Dès que j'eus pris possession du bel appartement que M. Dessain m'avoit donné, il fallut le quitter pour me rendre à l'Hôtel-de-Ville. En m'y transportant, au lieu du contentement et de la gaieté que je croyois trouver sur tous les visages, il me sembla n'y appercevoir que le sérieux, l'inquiétude et peut-être la tristesse. La grande place que je traversai, étoit presque déserte. Au milieu s'élevoit une longue perche couronnée du bonnet de la liberté. La couleur dont il étoit peint, étoit sombre et foncée. Elle étoit d'un sang de bœuf de la plus forte nuance. Je ne conçois pas la raison de ce choix, pour l'œil peu agréable, et fâcheux pour la pensée. J'en aurois mieux aimé une autre; le bleu, par exemple, que l'Amour semble préférer, ou le blanc couleur nationale, emblême de la candeur et de la loyauté; ou le verd, dont se pare la joie, et qu'adopte l'espérance.

Arrivé dans les salles de l'Hôtel-de-Ville, je les trouvai remplies par une foule de gens qu'on y avoit appellés comme moi. Chacun à son tour, étoit longuement interrogé, par des commis bien satisfaits d'être quelque chose, et bien embarrassés de leur facile emploi. Quand j'eus répondu à leurs questions nombreuses, sans ordre et pour la plûpart très-inutiles, ils m'envoyèrent à un autre bureau pour y recevoir un passeport surchargé d'un signalement, dans lequel on croyoit avoir parfaitement désigné ma figure, parce qu'on plaçoit mon nez au milieu de mon visage, qu'on creusoit mes joues, qu'on enfonçoit mes yeux, et qu'on portoit fort en avant mon menton. Il est vrai que pour la caractériser mieux, aux rides que j'ai, l'on avoit ajouté celles que je n'ai pas;

cependant ce portrait auroit ressemblé à une multitude d'autres personnes autant qu'à moi, si mes cinq pieds onze pouces pouvoient permettre qu'on ne me reconnût pas.

Enfin, cette lente et ennuyeuse opération finit, et je m'en retournai dans mon auberge, où je reçus la visite de M. Dessain. Il entra avec l'air de la simplicité, du respect et de la confiance parfaitement réunis et combinés sur son visage.

Malgré la solemnité des décrets qui ont supprimé toutes les distinctions et tous les rangs, il me conserva le titre que mes gens lui dirent que j'avois porté, et auquel il m'étoit plus aisé de renoncer qu'il ne le pensoit. M. Dessain croyoit, et peut-être avec assez de raison, que les liens les plus pénibles à rompre sont ceux de la vanité, et par un calcul assez sûr, il jugeoit qu'il pouvoit mécontenter un sot, en ne l'appellant pas M. le Marquis ou M. le Comte, et qu'à coup sûr, il ne risquoit pas de déplaire à un homme de sens, de quelque manière qu'il le qualifiât. Je l'observois pendant qu'il me faisoit des questions, point importunes, et qui marquoient seulement qu'il avoit l'aisance, la politesse réfléchie et lucrative, convenables à un homme de son état. Son œil, il n'en a qu'un, annonce en lui l'habitude de la réflexion, et qu'il sait voir tout ce qui peut élever à la fortune et à la renommée. Celle-ci ne me parut qu'un moyen dont il avoit voulu se servir pour parvenir à l'autre. Il me semble qu'il possédoit toutes les combinaisons avec lesquelles on s'enrichit, toute l'adresse avec laquelle on se maintient, et cette charlatanerie masquée par une apparente bonhomie, qui donne de la durée à une faveur publique, qui, sans elle, seroit éphémère. Aussi depuis trente ans, c'est chez lui qu'affluent les Anglois et les François riches ou peu économes, qui se transportent d'un Royaume à l'autre. Il a l'air de craindre que le régne de la liberté n'anéantisse la sorte d'empire que l'opinion lui donne. M. Dessain est penseur; ses réflexions peuvent en faire naître de profondes.

Après avoir satisfait à ses questions par des réponses laconiques, mais polies, je l'interrogeai à mon tour. Je lui demandai des détails sur les illustres voyageurs qu'il avoit reçu; il me répondit d'une manière faussement modeste. Assez peu m'importoient les anecdotes qu'il me racontoit sur les Ambassadeurs, les grands Seigneurs, les fils de Rois *qui avoient honorés sa maison de leur présence, et qui tous lui avoient accordé leur protection et leur estime*; mais j'étois très-curieux d'en apprendre sur cet écrivain qui a éternisé le nom de M. Dessain, en l'insérant dans son Voyage sentimental, dans cet ouvrage qui, quoique si court, fait éprouver à certaines ames les sensations les plus délicieuses, présente aux esprits qui savent saisir des observations tout à-la-fois si fines, si justes et si neuves; offre aux imaginations sensibles les tableaux les plus intéressans, et place son auteur au rang du très-petit nombre de génies originaux, dont les noms transmis d'âges en âges, sont toujours prononcés avec respect, enthousiasme et amour. A peine celui de Sterne fut-il sorti de ma bouche, que je vis celle de M. Dessain sourire, et son œil s'animer. Il ne m'apprit rien sur Sterne; mais il m'apprit ce que je devois penser de celui qui avoit été son hôte et le mien.

Vous avez lu, me dit-il, *le Voyage sentimental; il m'est aisé de le voir, par les bontés que Mr. le Marq. veut bien me témoigner. Ce livre, après Barème, est celui qui m'a été le plus utile; aussi, je le conserve précieusement, non pas pour le lire, car je ne lis jamais,* (*) *mais pour le communiquer aux voyageurs distingués qui logent chez moi,*

(*) Par une bonne raison, M. Dessain ne sait pas lire; et sa maison n'en est pas moins supérieurement conduite.

qui presque tous le connoissent et paroissent avoir un grand plaisir à le relire. A Calais ils vont visiter les lieux où se sont passées les scènes qu'il a décrites. Quand ils reviennent, leur conversation est plus animée et plus touchante, et le lendemain leur bourse se dénoue avec plus de facilité. Lorsque le Docteur Sterne eut achevé ses voyages, il repassa en Angleterre et s'arrêta chez moi encore. Alors je fis tout ce qu'il me fut possible pour le fixer ; j'employai les instances les plus vives, les prières les plus fortes ; je lui offris un appartement commode, agréable et tranquille, je lui promis une nourriture délicate et saine ; enfin, sans y parvenir, je ne négligeai rien de ce que je crus le plus capable de le décider. O digne homme ! m'écriai-je, en l'interrompant et le serrant dans mes bras, que je vous estime et que je vous aime, d'avoir si bien su apprécier et sentir le mérite d'un écrivain qui doit tout à son ame et à sa manière d'appercevoir et de peindre, qui donne le plus vif intérêt aux détails qui ne sont seulement pas entrevus par la foule des humains, et forme les tableaux les plus attachans avec des nuances qui échappent à presque tous les yeux. *Ah Monsieur !* reprit M. Dessain en m'interrompant à son tour, *je voyois parfaitement tout le parti que j'aurois tiré du séjour que le Docteur Sterne auroit fait chez moi. Puis-*

que son livre m'a valu le concours d'un si grand nombre d'étrangers, combien sa personne ne m'en eut-elle pas amené? Oui, je le crois; elle m'auroit produit par an au moins mille guinées.

A ce propos de M. Dessain, mes bras tombèrent; je reculai lentement et avec un sentiment douloureux. Au lieu d'une ame bonne et ingénieusement sensible, je ne vis plus qu'un spéculateur cupide, qui avoit voulu profiter de la présence d'un grand homme, et l'offrir à la curiosité comme on montre dans les foires des animaux extraordinaires et rares, ou des humains qui sont hors des proportions de la Nature bien ordonnée. O Sterne! M. Dessain eut été capable de vouloir te rendre le divertissement des passans désœuvrés, il les auroit conduits dans ta loge; que sais-je? peut-être auroit-il exigé que tu fisses des tours de force pour les amuser. Non, M. Dessain, si je retourne jamais à Calais, ce n'est pas chez vous que je logerai.

Je partirai demain pour Paris. J'espère que j'y verrai luire les doux rayons de l'aurore de la liberté; cependant, moi le plus vif, le plus ardent de ses amans, en approchant des lieux où s'établit son empire fortuné, mon cœur se serre, il est livré à un sentiment triste et pénible. Je crois appercevoir des présages sinistres, je crains que le berceau de cette liberté tant souhaitée, ne soit agité par de violens orages, battu par de désastreuses tempêtes. Sûrement mes craintes sont vaines ; cependant, le calme sombre que je vois dans les uns, l'exaltation forte que je vois dans les autres, l'inquiétude que j'apperçois dans tous, me font trembler ; et ce bonnet, ce bonnet de l'affreuse couleur du sang, m'épouvante malgré moi. La raison pourtant me rassure. Elle me dit qu'un peuple éclairé, qui a la réputation d'être bon et sensible repousseroit la liberté même, s'il falloit acheter ce premier des biens par des crimes. Il sentira qu'il coureroit le risque de n'y point atteindre et de le perdre pour toujours si, pour l'obtenir, il employoit la violence et la persécution. Il se laissera diriger par les sages qui, depuis long tems, s'occupent dans leurs méditations de le conduire au bonheur, en perfectionnant sa raison, en lui donnant la force, la constance, l'amour de toutes les vertus. Les ardentes prières des ames pures s'éleveront au trône de l'Eternel, et obtiendront de l'Ordonnateur suprême cet esprit de sagesse, de justice et d'ordre, qui seul assure aux Nations une prospérité durable. Enfin je veux espérer, que notre France deviendra plus heureuse encore que votre Amérique; elle a des moyens plus abondans. Qu'elle en profite.

Cependant, à peine l'ai-je quittée, que mon cœur revole vers cette Amérique tranquille. Il se reportera souvent au milieu de votre famille que, par des nœuds bien chers, vous avez unie à mon cœur, en donnant mon nom à votre dernier fils. (*) Il jouira souvent encore, par le plus tendre souvenir, de ces promenades charmantes, de ces conversations pleines d'intérêt, dont j'ai si fréquemment et si bien senti le prix sur les bords de la belle rivière. Que la Nature y est grande! qu'elle y est riche! qu'elle y est fraîche! qu'elle y est belle! combien elle y étend les facultés de l'imagination! combien elle y favorise la sensibilité de l'ame! Oui, mon ami, sur ces heureuses rives, l'homme est toujours jeune par son cœur, toujours paisible, parce qu'il n'a d'autres desirs que la perfection facile des sites rians et superbes, aux-

(*) Il est un usage bien touchant parmi les Américains, et digne des tems antiques. Ils donnent à leurs enfans les noms, non-seulement de baptême, mais de famille, de ceux pour lesquels ils ont une estime forte, solide et vraie. L'Amérique est peuplée de petits Washington et même de beaucoup de La Fayette. M. Audrain a voulu qu'un de ses enfans s'appellât *Adrien Marnésia*. Ce monument vivant de ses sentimens pour moi établira une liaison fraternelle entre ses descendans et les miens. Puissent les rapports en subsister toujours!

quels sa bêche donne sans peine la fécondité. Il y appelle des Colons de toutes les parties de l'Univers, et les invite à venir réaliser les aimables illusions de l'âge d'or, sur le sol où il doit exister, s'il est possible qu'il existe encore.

Faites, mon ami ; faites, je vous en conjure, quelques pélérinages à Azile, (*) visitez tous les creks qui l'arrosent, l'embellissent et le fertilisent ; (**) entrez dans ces jolies grottes, desquelles plusieurs d'entre eux s'écoulent ; et sur des gazons élevés en forme d'autels, versez des coupes de lait et répandez des fleurs cueillies sur leurs bords. Ah ! que ne puis-je espérer d'être le prêtre de ces divinités champêtres ! pour hymnes, je leur chanterois les touchantes idylles de Gesner et les romances de Florian. Adieu, mon ami, mon cœur est serré ; j'ai vu le bonheur, c'est avec les plus tendres regrets que je me le rappelle ; mes yeux s'humectent. Adieu.

(*) Nom, l'anagrame du mien que j'avois donné à une plantation que j'avois acquise, à une demi-lieue du Fort-Pitt.

(**) Le mot *crek* correspond à celui de *ruisseau* ; mais comme dans le nouveau monde la Nature se montre dans des proportions incomparablement plus grandes que dans le nôtre, les ruisseaux américains sont communément aussi considérables que nos moyennes rivières.

P. S. Protecteur, ami de tous les Colons bons et honnêtes, sûrement vous continuez à voir souvent la respectable famille de M. de Lazière. Portez mon souvenir dans son sein; offrez-lui l'hommage de ma vénération.

Recommandez à Madame d'Erbigni les beaux pigeons romains, dont je lui ai fait l'offrande. Qu'elle leur donne quelques miettes de pain dans sa jolie main blanche, et quelques baisers, en mémoire du vieux berger de qui elle les tient; (*)

(*) M. de Lazière, dont le nom est L--Z., est cousin-germain de M. de Villedeuil, Ministre de Louis XVI. Il étoit Trésorier des Etats du H. et riche propriétaire. Les soupçons, trop souvent injustes, les persécutions que les révolutions font naître, ont forcé cet homme respectable à renoncer à sa patrie, et à chercher la tranquillité dans les déserts de l'Amérique. Il a marié sa fille, riche d'une figure très-aimable, d'un caractère doux, d'un esprit agréable et cultivé, et des talens que donne une éducation très-soignée, à M. d'Erbigni, jeune homme plein de mérite, de raison et de courage. L'auteur, en envoyant deux pigeons à Mademoiselle de Lazière, accompagna son présent de quatre vers, qui ne sont pas bons, mais vraisemblablement les meilleurs vers français qu'on ait encore fait sur les rives de l'Oyo; les voici :

Sur les sauvages bords de la belle rivière
J'ai trouvé deux pigeons, je les ai reconnus :
Ce sont, j'en suis certain, les pigeons de Vénus,
Adorée en ces lieux sous le nom de Lazière.

et quand vous irez à Philadelphie, voyez aussi cet excellent M. de Cazenove, qui m'a si bien traité pendant le séjour que j'ai fait dans cette ville. Offrez-lui de ma part l'hommage de la plus tendre reconnoissance.

(*) M. de Cazenove a long-tems été dans les Etats-Unis, où il étoit député du commerce de Hollande. J'ai peu vu d'hommes aussi dignes d'estime et plus fait pour plaire. Il semble n'avoir communiqué avec la plûpart des peuples, que pour s'approprier ce que chacun a de meilleur, et devenir plus aimable. Une partie de sa famille est à Lausanne, son frère et sa belle-sœur Mde. de Cazenove d'Arlens. Elle est auteur de plusieurs ouvrages d'une heureuse imagination, et qui ont le mérite très-rare d'être écrits avec beaucoup de naturel et une grande pureté.

DIALOGUE

ENTRE

BUFFON ET BAILLY.

BAILLY.

QUEL calme, quelle fraîcheur délicieuse, quelle paix enchanteresse on respire dans ces lieux! Que j'aime à vous y voir avec cette majesté douce et sereine, entiérement exempte des petites taches et des légers nuages qui pouvoient un peu l'obscurcir, lorsque vous étiez encore enveloppé de votre robe mortelle!

BUFFON.

Je voudrois, mon cher Bailly, répondre à ce compliment très-aimable, par un compliment plus aimable encore; mais ce séjour est celui de l'inaltérable vérité. Il n'y est pas permis ni de la déguiser, ni de la farder, ni de l'affoiblir. Si nous discutons ensemble, je serai forcé de vous la dire toute entière, et de mettre aux justes louanges qui vous sont dues quelques

quelques critiques que vous n'avez que trop méritées. Rassurez-vous pourtant; une voix amie peut être quelquefois sévère, mais jamais désobligeante et dure.

BAILLY.

Parlez, je vous écouterai comme votre admirateur et votre disciple; et d'ailleurs, en quittant la terre, j'y ai laissé les illusions de l'amour-propre, les chimères de la vanité qui m'avoient égaré et perdu.

BUFFON.

Cette tête, que des hommes encore plus lâches et plus vils qu'ils ne sont atroces, ont fait tomber sur l'échafaud, vous l'aviez déja un peu perdue, quand vous vous êtes uni à une révolution pour laquelle vous n'aviez ni les talens ni les vices nécessaires.

BAILLY.

Comment? Porté par les suffrages unanimes et non mendiés de la Commune de Paris parmi les Représentans du Peuple, pouvois-je me refuser à un choix qui m'honoroit, et résister aux vœux de nos concitoyens?

BUFFON.

Oui, avec de la force, de la prévoyance et de la sagesse.

BAILLY.

Qu'il est aisé de juger après les événemens! et comme on juge avec rigueur, quand ils ont été malheureux!

BUFFON.

Bailly, respectez le tribunal des morts; sans doute, il est austère, mais il est beaucoup plus équitable encore.

BAILLY.

Grand homme, pardonnez.

BUFFON.

La meilleure place n'est pas la plus élevée; c'est celle où l'on est le mieux assis. Il étoit presque impossible qu'un homme de lettres d'une classe bourgeoise, avec une femme, des parens et des sociétés communément obscures, remplît convenablement la place d'homme d'Etat.

BAILLY.

Pourquoi?

BUFFON.

Les raisons en sont sans nombre. Je me borne aux principales. Les occupations d'un homme de lettres, et sur-tout d'un savant, le rendoient autrefois absolument étranger aux connoissances et aux conceptions profondes que l'administration politique exige, sur-tout dans les tems où l'Etat menacé d'un violent orage demande à ses pilotes une expérience consommée, une sagesse extraordinaire, et une habileté peu commune. Aujourd'hui, que la société sépare moins les classes, et qu'elle réunit tous les citoyens qui peuvent mutuellement se plaire et s'éclairer, les courtisans, les Ministres, et quelquefois les Rois, s'initient dans quelques-uns des secrets des sciences et des arts, et les Littérateurs et les Savans pénètrent dans les mystères de la politique; mais les gens de la Cour, et les gens du monde parviendront rarement à faire de bons poëmes, de beaux discours et de grandes découvertes, et les Littérateurs et les Savans parviendront plus rarement encore à donner le mouvement et le repos aux Empires.

BAILLY.

Caton, César, Ciceron, les deux Pline, et tant d'hommes fameux de l'ancienne Rome, ne réunissoient-ils pas le génie qui répand le charme et la lumière, et celui qui change ou fixe les destinées des Nations?

BUFFON.

Oui; mais Rome étoit Rome, et Paris ne lui ressemble guère. Par de grands moyens et constamment suivis, on y préparoit une foule de grands hommes. L'éducation, en leur donnant tous les talens, disposoit l'enfant à devenir capable de tous les emplois. D'ailleurs, votre question ne détruit pas ma remarque. Parmi tant de noms fameux, offerts à l'admiration de tous les âges, il en est peu qui se soient élevés de l'obscurité plébéïenne, aux places qui appellent l'attention générale sur ceux qui les occupent, et sont le chemin le plus sûr pour arriver à l'immortalité. Mais nous divaguons, laissons Rome; revenons à vous et à la France.

Dans ce tems où la Monarchie prête à s'écrouler n'étoit pas tout-à-fait anéantie, avec la férocité qui commençoit, la frivolité existoit encore. L'une méditoit ses projets destructeurs et sanglans, préparoit ses moyens terribles, formoit ses associations funestes; l'autre, sans le vouloir, la secondoit. Comptant les talens, le génie, les vertus pour rien, la science des petites convenances, la connoissance des minucieux usages et du ton de cette partie de la société sur laquelle se modèle la société entière, dans les pays gouvernés par les Rois, étoient tout pour elle. Elle créoit des ridicules, les versoit à pleines mains, avec gaieté, et le plus souvent sur l'homme qui avoit le plus de mérite. On craignoit ses épigrammes, ses chansons, et ses vaudevilles circuloient. On chantoit, on rioit; et l'homme dont on a ri en France, est perdu pour la chose publique. (*)

BAILLY.

Je l'avoue, je ne vois pas comment cette observation, très-juste en elle-même, pourroit me convenir. Quand j'ai présidé les Communes, n'ai-je pas obtenu les succès les plus flatteurs? Quand les ordres réunis n'ont plus formé qu'un tout présidé par moi, n'ai-je pas obtenu des succès plus grands encore?

(*) Si M. Bailly, à qui l'on ne peut guère reprocher que les petitesses de la vanité, et les fausses démarches dans lesquelles elles l'ont entraîné, n'a pas prêté à rire par des ridicules personnels, sa femme a été loin d'avoir le même bonheur. Partageant la place, devenue la première de la France (car dès-lors celle du Roi n'étoit plus qu'un vain nom,) Mde. Bailly, avec une tournure extrêmement commune, ne craignoit pas d'afficher le faste le plus mal ordonné et le moins circonspect. Suivie de trois superbes laquais, couverts d'une livrée presque aussi magnifique que celle du malheureux Monarque, elle se promenoit dans les grandes allées des Tuileries, cherchant et réussissant à attirer les regards sur elle, et s'admiroit autant qu'on l'admiroit peu. Si l'on osoit l'inviter à dîner, elle répondoit avec dignité : *je ne dédîne jamais*; on auroit pu dire qu'elle n'étoit pas aussi sévère pour le goûter.

BUFFON.

Oui; cette fleur d'esprit que vous saviez si bien répandre dans tous vos discours, ces madrigaux ingénieux et brillans dont vous pariez chacune de vos pensées, et que vous adaptiez si parfaitement aux diverses circonstances, ont été vivement, unanimement et très-justement applaudis; mais vos discours, pleins de charmes, ne l'étoient pas de choses; et c'est ainsi qu'ils devoient être, lorsque vous les avez prononcés. Alors, les partis n'étoient pas encore solidement formés; ils avoient tous besoin, que des idées trop fortes ne les ébranlassent pas, et de n'être point éclairés par des vues trop lumineuses. Démosthènes les auroit effrayés avec ses foudres. Les fl... rs d'Isocrate leur convenoient davantage. On vous permettoit de plaire, parce qu'on étoit sûr que vous ne parviendriez pas à dominer.

BAILLY.

Cependant, à qui la Mairie de Paris a-t-elle été donnée?

BUFFON.

A l'homme qu'on connoissoit trop pour le craindre; à celui qu'on jugeoit incapable d'acquérir, dans une grande place, un grand crédit. Il falloit un instrument à l'ambition cachée, que vous n'aviez pas pénétrée. Elle vous employa, elle ne pouvoit en choisir un plus convenable à ses desseins, plus flexible, plus agréable et moins dangereux pour elle. Comme les Rois de théâtre, vous eûtes les décorations de la souveraineté : vous en parlâtes le langage ; mais d'autres, que vous ne soupçonniez même pas, en usurpèrent l'autorité.

BAILLY.

A vous entendre, je n'aurois donc été qu'un esclave caressé, décoré et trompé ; qu'un simulacre auquel on auroit accordé les honneurs et refusé la puissance !

BUFFON.

Voilà précisément votre histoire. Sans le savoir, sur-tout sans le vouloir, vous vous êtes associé à des méchans qui savent démolir un Empire, et ne savent pas et ne veulent certainement pas édifier une République. On a tendu des piéges à votre amour-propre ; et, comme cela est très-ordinaire aux gens qui ont le plus d'esprit, et dont les intentions sont droites, pures et simples, vous y êtes tombé.

BAILLY.

Sans me consulter, on m'a uni aux plus grands intérêts, on m'a lié aux personnages qui les faisoient mouvoir. Sans avoir la confidence de rien, je me voyois le chef de tout. Je ne supposois aucun secret, je n'appercevois aucune intrigue, et je croyois, dans la droiture de ma pensée, qu'on ne vouloit que le bien, et que pour le produire j'étois un des principaux ressorts qu'on avoit choisi.

BUFFON.

Comment auriez-vous échappé aux erreurs qui flattent, vous qui, dans votre cabinet écarté, écriviez des lettres charmantes sur les sciences, retrouviez une Athlantide, qui vraisemblablement n'a jamais existée que dans la tête de Platon et qui, occupé à écrire l'histoire de l'Astronomie avec la plume des graces, cherchiez à connoître les mouvemens des cieux, et ne vous apperceviez pas des intrigues de la terre; tandis que les gens les plus accoutumés à déviner les Cours et à pénétrer les hommes, sont séduits, trompés, aveugles dès qu'on offre des appats à leur amour-propre?

BAILLY.

Le chef de la puissance armée, environné d'un grand éclat, ayant à sa disposition toute la puissance militaire et la puissance bien plus vaste que l'opinion publique donne, faisoit tout en mon nom, et chaque matin prenoit mes ordres.

BUFFON.

Oui ; presque à genoux, et comme le Chancelier prenoit ceux d'un Roi mineur dans un lit de justice.

BAILLY.

Grand homme, comme vous vous plaisez à me rabaisser ?

BUFFON.

Non : comme la généralité de la France, vous avez été trompé par une réputation que vous ne pouviez guère apprécier, et qui vraisemblablement a trompé celui-là même qui s'en trouvoit investi. Il s'est cru un grand personnage, parce qu'il avoit saisi une grande circonstance, et fait un grand voyage. Exalté par un peuple sensible, qui se croyoit plus dénué d'hommes qu'il ne l'étoit en effet, il a dû ses succès à la confiance qu'il lui avoit inspirée, à sa patience, et, plus encore peut-être, à l'envie que les Généraux Anglois avoient de prolonger une guerre onéreuse à leur patrie, mais utile et lucrative pour eux, et qu'ils se croyoient sûrs de terminer quand ils le voudroient, à l'avantage de l'Angleterre. L'événement les a déçu, et la révolution américaine achevée, la voix de Washington, qui ne pouvoit être jaloux de l'enfant qu'il avoit dirigé, et celle de l'Amérique reconnoissante ont précipitamment proclamé un héros précoce, que la France légère a reconnu sans l'examiner. Enveloppé dans sa réserve, il ne s'est pas laissé pénétrer, et il en a imposé à des hommes d'un mérite supérieur; (*) mais enfin, il a été jugé; et les belles pages que l'Histoire lui préparoit, ou ne seront jamais écrites, ou seront bien affoiblies par celles qu'imprimera la vérité. Forcé par le simulacre de la liberté, qu'on montroit aux Français abusés, à rentrer dans la classe générale des citoyens sans emploi, il parut y retourner avec la modestie d'une ame simple et grande; tandis qu'il prenoit tous les moyens d'en bientôt sortir. Il ne tarda pas à se faire donner le commandement des armées, et vous, sans regrets comme sans intrigues, vous laissâtes la Mairie, comme on abandonne un vêtement usé.

BAILLY.

Je l'avoue, connoissant très-peu les hommes

(*) L'un des meilleurs, peut-être le premier des orateurs de l'Assemblée constituante, M. de Lally-Tollendal, parce que son éloquence étoit l'épanchement d'une ame élevée, tendre, courageuse, sensible et profondément pénétrée de l'amour de la vertu, a dit de lui, avec plus de persuasion que de justesse: *il a parlé de la liberté comme il a su la défendre.*

et moins encore l'esprit du tems où j'ai vécu, je pensois que le souvenir de ma probité, celui de mes harangues ingénieuses, de la finesse piquante et des tours délicats qui brillantoient mes discours, seroit conservé, et qu'on parleroit de la manière dont j'ai rempli ma place long-tems encore après ma retraite. Content, je retournois avec joie à mes premières occupations, croyant que des travaux faciles charmeroient mes loisirs sans fatiguer mon esprit, et me flattant, qu'entouré encore d'une société aimable, et par des amis que je pensois m'être acquis, je passerois des soirées aimables et tranquilles, objet de leur culte, et respirant le doux parfum de la louange qui, pour tous les gens d'esprit plus vains qu'orgueilleux, est si délicieux. Au lieu de cela, j'ai mené une vie errante; et devenue aussi obscure que si je n'avois jamais été connu, et sur l'échafaud même, devenu le lit de mort d'une innombrable quantité d'hommes estimables, mon nom n'a pas été relevé. (*)

(*) Dans les tems ordinaires, l'échafaud devient un théâtre d'immortelle gloire pour un homme de bien; mais dans nos jours d'abominations et de carnage, confondu dans la foule envoyée au supplice, l'homme du plus grand mérite périt sans presque attirer l'attention; cependant Bailly a fait remarquer son courage.

BUFFON.

En cherchant une gloire, qui naturellement ne doit pas être la nôtre, nous courons le risque de perdre celle que nous avons justement obtenue. L'écrivain seulement élevé aux premiers emplois par la singularité des circonstances, a rarement la force et les moyens nécessaires pour s'y maintenir; et quand il tombe, son ancienne renommée tombe avec lui. Rejetté dans la foule, il perd l'éclat que ses ouvrages lui avoient fait acquérir. On ne se souvient ni de lui ni de ses écrits. Il faudra que le tems, qui ramène la justice, le replace enfin dans le rang qui lui est dû. Vous êtes sûr de renaître dans l'estime des hommes; mais ce ne sera que lorsque le génie des tempêtes et de la désolation abattu, le calme et la paix reviendront sur la terre.

BAILLY.

Cette idée me console et me flatte; car je crois qu'une partie du bonheur des morts est dans l'estime et l'admiration que conservent pour eux les vivans.

En butte aux insultes d'une populace atroce, hébetée et toujours avide de sang, qui lui reprochoit de trembler, parce qu'il avoit peur, il répondit simplement et avec un sourire dédaigneux : *non, j'ai froid.*

DISCOURS DE RÉCEPTION

A la Société Royale des Belles-Lettres de Nancy; lu dans la Séance publique du 20 Octobre 1767.

MESSIEURS.

ACCOUTUMÉS à donner le prix le plus flatteur aux talens les plus distingués, à mettre le sceau à leur gloire, en les unissant à vous, vous daignez donc aussi récompenser ce goût pour les Arts, cette passion pour les Lettres, cet amour pour la vertu dont on se pénètre en lisant vos ouvrages. Je le sens, Messieurs, c'est à la seule admiration qu'ils m'inspirent que je dois l'honneur que je reçois aujourd'hui: je ferois de vains efforts pour vous donner une idée de ma reconnoissance, si je ne suivois que le mouvement dont elle m'anime, je me livrerois au plaisir de tracer à la fois votre éloge et votre portrait : mais la réflexion m'arrête ; elle me dit que le seul moyen de louer dignement ses maîtres, c'est d'apprendre dans leurs écrits à marcher sur leurs traces : je soumets aux miens quelques vues sur des Arts qu'ils m'ont fait aimer; indulgens parce qu'ils sont éclairés, ils approuveront le desir que j'ai d'être utile.

Des périls continuels, des souffrances sans nombre ont développé dans l'homme les premiers germes de l'invention. Dénué de tout, il porta ses regards sur les moyens de rendre son existence moins douloureuse. Le besoin, les privations firent naître les découvertes les plus utiles : mais c'est à l'admiration et au repos que nous devons les Arts qui doublent nos plaisirs, qui nous consolent dans nos peines, et qui répandent du charme sur tous les tems de notre vie. L'imagination délivrée du travail accablant que lui coûtèrent ses premiers efforts, s'arrêta sur de plus doux objets. Frappée du spectacle ravissant qui s'offroit à elle, d'abord elle en jouit en silence, ensuite elle conçut le dessein de fixer les images qui l'enchantoient ; le marbre s'anima, la toile fut vivante, l'éloquence maîtrisa les ames ; la Poésie, en ne faisant que peindre, sembla créer un nouvel Univers.

Les premiers essais furent peut-être remplis des plus grandes beautés, tout étoit neuf pour les hommes dans l'enfance du monde; si l'habitude d'observer leur manquoit, ils durent avoir ce sentiment vif qui saisit avec promptitude, cette émotion qui se montre au dehors, cet enthousiasme qui se communique. Quand les chefs-d'œuvres se furent multipliés, quand la gloire eut couronné les premiers inventeurs, on voulut partager leur triomphe ; mais au lieu de les prendre simplement pour guides, on se traîna servilement sur leurs pas ; au lieu d'imiter la Nature, comme ils l'avoient eux-mêmes imitée, on écrivit d'après leurs propres ouvrages ; ils avoient offert des tableaux animés et vrais, leurs successeurs présentèrent des copies froides et sans vérité.

Les richesses en tout genre amènent la délicatesse, et rendent le goût plus difficile. Les hommes, trop heureux d'abord de pouvoir se réfugier dans le creux d'un chêne, ou sous la voûte d'un rocher, n'eurent pas plutôt des cabanes, qu'ils les dédaignèrent. Il fallut que l'architecture leur élevât des demeures où la pompe des ornemens accompagnât les douceurs de la commodité ; de même lorsque l'éloquence et la poésie eurent commencé à les charmer, ils exigèrent, que pour ajouter à leurs plaisirs, elles fissent des efforts plus puissans. Ils voulurent que, sans jamais s'écarter de la nature, on la leur montrât dans toute sa vérité, et cependant embellie. Le desir de la célébrité fit entreprendre et surmonter un travail si difficile ; on posa des règles, on traça des méthodes, on lut avec émulation les premiers écrivains, on observa la Nature, avec cette attention vive que feroient naître ses beautés, quand on ne seroit pas animé du desir de les peindre.

C'est en réunissant l'étude des livres et de la Nature, que celui qui entre dans la carrière brillante, mais pénible, de l'éloquence et de la poésie, peut se promettre d'éclatans succès. S'il s'abandonne uniquement à son génie, peut-être sublime, comme Shakespéar, il se précipitera comme lui. Bien lire et beaucoup voir, c'est là le premier, c'est là le plus certain de tous les principes, celui dont tous les autres émanent.

Les règles généralement adoptées, sont le résultat des observations qu'on a faites après une longue étude de la Nature. Celui qui les connoît, profite du travail des autres hommes; le tems se prolonge pour lui, parce qu'il lui reste tout celui qu'il auroit employé à observer lui-même. Comme toutes les institutions humaines, elles ont sans doute leurs défauts; leur trop de subtilité dégénère en minucie; leur trop d'exactitude borne le talent, leur multiplicité éteint le feu de l'imagination et détruit cette liberté, sans laquelle nul ouvrage ne sauroit plaire. Le génie les réduit à des principes clairs,

clairs, peu nombreux et féconds ; il consent à marcher à la lueur de ce flambeau, mais il veut que sa lumière, sans fatiguer les yeux, y porte une clarté douce et certaine.

Les règles n'inspirent ni les idées sublimes, ni les grands traits, mais elles nous apprennent à les placer ; elles nous apprennent quelle mesure d'attention la paresse peut accorder au talent, et à soutenir cette attention par la variété ; elles nous apprennent à proportionner l'expression au sujet, à choisir les points de vue les plus frappans, à faire refléter une partie sur l'autre, à les lier toutes par un nœud facile à tenir, à former un ensemble noble, simple, achevé.

Les pensées fortes, nombreuses et souvent impatientes de se placer, assujetties par les préceptes, sont comme les ouvrages de Raphaël, où tout est soumis à l'art, quoique rien ne l'y décèle ; mais les écrits des grands maîtres sont l'aliment du feu sacré ; ils maintiennent l'ame dans l'habitude de sentir, ils l'animent de cette émulation puissante qui la rend à son tour capable de créer ; ils nous donnent cette finesse de tact, cette sûreté de goût qui nous fait juger d'avance de l'effet que produiront les traits semés dans un ouvrage.

Trop peu multipliées, les circonstances frappantes ne fourniroient à notre esprit qu'un petit nombre d'observations. Par les impressions vives et variées que nous recevons de la lecture, nous découvrons les moyens de pénétrer dans les ames, et de les mouvoir à notre gré. Ce sont les bons modèles qui nous enseignent à bien employer nos propres richesses. Ils font plus, ils nous encouragent par leur exemple, ils nous donnent la force de braver les puériles délicatesses d'un goût faux et timide, qui voudroit nous retenir lorsque nous sommes prêts à tracer ces tableaux effrayans ou pathétiques qui portent l'attendrissement et le trouble dans les cœurs. Que d'orateurs après avoir dessiné avec vigueur un portrait, que de poëtes, après avoir conçu avec force le sujet d'une tragédie, affoibliroient leurs touches hardies, si le souvenir des Philippiques ou de la terrible catastrophe d'Atrée ne venoit les soutenir ?

Elevés par les génies supérieurs, notre ame s'aggrandit, nous ne voyons plus dans ce qui est fait les bornes du possible; emportés au-dessus de notre sphère, nous nous arrachons aux petits détails, nous dédaignons les foibles succès, l'esprit de découverte nous saisit, nous nous sentons capables d'ouvrir de nouvelles sources de lumière. Si nous arrêtons notre vue sur les Arts, les beautés que nous apperçevons servent à nous en faire imaginer d'autres. Corneille avoit élevé la scène, il avoit donné l'empreinte de son ame; Racine devint son égal, en suivant une route opposée. Il parla au cœur, il attacha toujours, sans jamais chercher à surprendre. Une élégance soutenue, une sensibilité douce, une harmonie enchanteresse caractérisèrent ses chef-d'œuvres. D'abord imitateur, son premier essai fut malheureux, parce qu'il se défia trop de ses forces, et qu'il n'osa pas marcher sans guide. Crébillon jetta ses sombres regards sur la tragédie, et lui fit prononcer les plus terribles accens. Après Corneille, après Racine et Crébillon, on croyoit qu'il ne restoit plus qu'à marcher sur leurs pas; mais un homme, quoique vivant, déja plus célèbre qu'eux tous, parce qu'il ne se borne pas à être grand dans un seul genre, s'empara du cothurne et fixa sur lui tous les yeux; il osa se rendre utile dans un art qu'on n'avoit jugé propre qu'à émouvoir. L'humanité fut le moyen puissant dont il se servit pour attendrir; il amena la Philosophie sur la scène; elle s'y montra parée de toutes les richesses de la Poésie, de toute l'énergie du sentiment. A l'intérêt il joignit la variété. Sans cesser d'avoir une manière qui le distingue, aucun de ses sujets ne se ressembla, et chacun d'eux reçut le coloris qui lui étoit propre. Il peignit tous les peuples et toutes les passions ; il nous fit connoître des mœurs nouvelles, les mit en opposition avec les nôtres, et à travers les différences nationales, il démêla les traits appartenans à la Nature, ces traits qui sont les mêmes dans tous les climats. Il nous rappella nos antiques usages et nous retraça le tableau de nos anciennes vertus. A tous ces mérites, il joignit encore celui de donner au spectacle plus de pompe, aux acteurs plus d'intelligence, et plus de vérité à la représentation.

Plus on étudie les grands modèles, plus on sent qu'on ne doit pas se borner à les suivre ; les écrivains qui ont obtenu le premier rang dans l'estime universelle, ne sont pas ceux qui ont développé quelques principes déja entrevus, qui ont peint des passions déja maniées, qui ont offert des rapports et des contrastes déja saisis. Le premier rang appartient à celui qui invente ou qui ajoute de nouvelles perfections et de grandes beautés aux arts qu'il a déja trouvé formés. Les imitateurs restent dans la foule et sont à peine apperçus. Le véritable talent se fait connoître, en nous indiquant la source où il a puisé, et dans laquelle nous devons puiser à notre tour ; il nous fait sentir l'utilité d'un petit nombre de règles simples, claires, sensées, il nous montre sur-tout la nécessité d'observer sans cesse la Nature.

En vain les Grecs, qui ne sont peut-être encore nos modèles, que parce qu'ils n'en ont point eu d'autres que les beautés naturelles qui se sont offertes en foule à leur imagination, en vain les Grecs nous ont-ils laissé leurs chef-d'œuvres; si nous ne nous accoutumons pas à ne les plus regarder comme nos uniques maîtres, nous ne parviendrons jamais à les égaler. Ce n'est pas au milieu de nos livres, que nous nous remplirons de ces idées, tantôt sublimes, tantôt charmantes, de ces idées toujours vraies qui frappent, qui enchantent et qui étonnent. Les grands traits sont épars, le génie les cherche, les rassemble, et il leur conserve dans ses écrits ce caractère original qu'on retrouve avec ravissement, qu'on applaudit avec transport. Lisons Virgile, admirons Homère, étudions Cicéron et Démosthène, mais que l'antique ne soit pas pour nous ce que la Nature fut pour eux.

Le jeune Poëte, ébloui par l'effet que produit sur lui la magnifique description d'une tempête, voudra peut-être, d'après cette description qui porte le trouble et l'effroi dans les esprits, peindre toutes les horreurs d'un orage;

mais il est à craindre qu'il ne voye que la grandeur du sujet, et qu'il n'oublie que déja traité mille fois, il est presque épuisé par les grands maîtres. S'il se contente de rassembler quelques traits frappans de chacun d'eux, son tableau sera froid et contraint, parce qu'il ne sera pas pénétré de cette émotion violente qui seule rend capable d'émouvoir. Poëtes, Orateurs, voulez-vous encore nous tracer la terrible image des élémens qui semblent prêts à se confondre? Allez, lorsque les noires nuées se rassemblent et nous dérobent la douce clarté du jour, allez sur la cîme des monts et considérez le plus imposant, le plus auguste des spectacles. A votre retour, rentrez dans votre cabinet solitaire. Votre ame, remplie des grands, des redoutables objets qui l'aûront frappée, se pressera de se répandre. Vous écrirez sans effort, le génie vous maîtrisera; c'est lui qui, d'un trait hardi, rassemblera dans votre ouvrage les sifflemens aigus des aquilons, le fracas des arbres de la forêt antique, les sillons des éclairs, le bruit épouvantable du tonnerre, un instant de sombre silence, un nouveau, un dernier, un plus effroyable coup de foudre qui frappe une jeune fille éperdue, que son malheureux père venoit arracher au danger. Lorsque le calme renaîtra dans votre ame, étonné de votre tableau, vous serez votre premier admirateur ; vous croirez qu'un Dieu vous maîtrisa ; ce Dieu étoit votre propre génie vivement frappé par les objets mêmes.

Le Peintre qui s'est élevé à la perfection de son art, commença d'abord, il est vrai, par en apprendre les principes d'un autre maître ; mais ce n'est, si on ose le dire, qu'après s'être approprié, par des observations sans nombre, toutes les richesses de la Nature, que son pinceau, en la faisant reconnoître, parvint encore à l'embellir. Ce ne fut pas la seule vue des plus magnifiques tableaux, qui forma les Greuses et les Vernets. L'un est peintre, parce qu'il a vu l'homme dans les situations les plus touchantes ; l'autre, parce qu'il a vu les mers soulevées par les vents impétueux, ouvrir de vastes abîmes, et rejetter sur l'arène avec fureur les malheureux qu'elles avoient engloutis. Ce n'est pas non plus la lecture des écrivains sublimes, qui peut seule former des orateurs et des poëtes. Ils élèvent, ils enflamment l'homme de génie, ils lui inspirent le desir de produire à son tour ; mais malheur à lui, s'il ne fait que les imiter. Ses foibles ouvrages n'exciteront jamais cette admiration, cet enthousiasme qu'il a lui-même senti en lisant ces modèles. Qu'il fasse comme eux, s'il prétend les égaler. Veut-il décrire les mœurs champêtres, les charmes d'un riant paysage, la délicieuse fraîcheur d'un bois écarté? qu'il aille dans les campagnes rassembler les images, qu'il les assortisse, qu'il en fasse un choix heureux ; c'est lorsqu'on est caché derrière le hêtre qui les ombrage, qu'on dérobe les tendres secrets des bergers.

La Nature se varie à l'infini, chaque génie la considère sous une face particulière; ainsi, chaque écrivain qui composera en l'ayant sous ses yeux, produira des beautés singulières et nouvelles. Les lecteurs, entraînés par la magie de l'illusion, se transporteront sur le lieu de la scène. Ce ne seront plus des images, ce seront les choses mêmes qui s'offriront à leurs regards; l'impression qu'ils recevront sera durable, ils la conserveront dans leurs promenades solitaires; ils auront appris à voir, ils s'arrêteront sur des objets qu'ils n'avoient point encore apperçus, ou qu'ils avoient dédaignés. Sur les bords du ruisseau qui rafraîchit la prairie, à la vue des troupeaux et des jeux innocens des bergers, ils sentiront cette émotion douce, ce ravissement tranquille dont l'auteur a joui le premier. Messieurs, qu'il me soit permis de le révéler; c'est à la lecture d'un poëme de l'un des membres de cettte Académie, (*) d'un poëme où, la Nature parée de toutes les graces de l'imagination, de tous les charmes du sentiment se montre elle-même, que j'ai éprouvé cet effet que je peins d'une manière trop foible sans doute, mais que je sens se renouveller en moi chaque fois que mes regards se promènent sur les campagnes, ou qu'ils s'arrêtent sur les travaux champêtres.

Si l'on ne s'étoit pas trop souvent contenté de nous présenter les pensées des anciens à peine déguisées, nous ne calomnierions pas la Nature, en l'accusant d'avoir un fond qu'on peut épuiser. Ses richesses sont infinies, mais c'est dans son sein, et parmi les hommes, qu'on doit les chercher. Sans l'altérer, sans cesser de tenir à elle, c'est en recueillant ce qu'elle a de plus énergique, de plus sublime, de plus touchant, qu'on peut parvenir à la surpasser, en réunissant les traits qu'elle semble avoir négligé de rapprocher; l'éloquence et la poésie nous offriront des tableaux plus parfaits qu'elle-même; elles nous déroberont ce qu'elle a de moins agréable et nous montreront, pour ainsi dire, la collection de ses charmes : c'est pour les transmettre dans ses écrits, sans leur faire rien perdre de leurs graces, c'est pour pein-

(*) Le Poëme des Saisons, par M. de St. Lambert.

dre avec force, avec vérité, que l'homme de génie errant dans les campagnes, passera les journées entières seul avec ses pensées. Que le Poëte des Alpes nous le dise; eut-il d'autres maîtres que ces monts qu'il a si sublimement chanté? (*)

Comment l'orateur et le poëte pourroient-ils faire des portraits fidèles de l'homme, s'ils n'alloient pas parmi les hommes apprendre à les connoître? Ce sont ceux en qui l'éducation, le luxe, les richesses n'ont point effacé l'empreinte de la Nature, qu'ils étudient d'abord. Ils se mêlent dans la foule, ils ne craignent pas de pénétrer dans ces lieux d'où la décence est bannie, où la plus entière liberté régne; une joie vive, grossière et vraie en éloigne la contrainte, l'ame n'y a plus de mouvemens cachés; chaque sentiment s'y peint avec un geste expressif, et chacun des gestes est un trait d'instruction pour celui qui les observe, quand il les a vu souvent accompagner la parole et lui donner plus d'énergie; il saisit ensuite leur trace la plus légère; un coup-d'œil, un foible signe lui découvrent une pensée secrète, lui dévoilent quelquefois un homme tout entier. Ce fut, en arrêtant long-

(*) M. Haller.

tems ses regards sur le peuple, que l'inimitable Molière se rendit si habile à pénétrer les expressions extérieures des passions, à les suivre dans toutes leurs nuances, à conserver leur ton, à leur faire parler leur véritable langage.

C'est dans les cabanes qu'on découvre quel est le caractère primitif, quelles sont les penchans inséparables de notre espèce; enfin ce que nous sommes, quand nous ne sommes que nous-mêmes; on y voit le pouvoir des affections et des haînes, quand les intérêts de fortune, de plaisir, d'ambition ne les affoiblissent pas. On y voit comment on est père, comment on est fils, comment les âges se rapprochent par la sensibilité; on y jouit délicieusement des caresses du vieillard et de ses petits enfans : les tendres impressions que l'homme de génie y reçoit, passent dans ses ouvrages; et c'est en nous affectant des sentimens dont il est pénétré, c'est en nous faisant répandre de douces larmes, qu'il s'immortalise.

L'étude de l'homme champêtre, est pour l'homme de lettres ce que l'étude du nud est pour le peintre. S'il n'acquiert pas l'intelligence parfaite du caractère originaire, jamais il ne mettra de vérité dans ses portraits. Massillon alla dans la maison du pauvre puiser ses profondes connoissances du cœur humain, il y chercha l'émotion et l'attendrissement, pour émouvoir et attendrir à son tour.

La politesse des habitans des villes, les graces qu'ils reçoivent de l'éducation, les lumières, l'élégance, la facilité d'expressions que la société leur donne, les sciences et les arts, sont comparables aux parures qui voilent les défauts, qui ajoutent aux beautés, mais qui ne font point partie de l'homme même. Ce n'est donc qu'après l'avoir bien examiné, lorsqu'il n'en est pas revêtu, qu'on doit essayer de le peindre lorsqu'il en est orné.

Il me resteroit, Messieurs, à indiquer dans la société des gens éclairés, une dernière source d'instructions, peut-être plus abondante que les autres; mais que dirois-je que vous n'ayez déja fait sentir? Vos ouvrages n'ont-ils pas déja prouvé combien, du choc des idées et de la réunion des lumières, il sort de grandes vérités; combien les conseils d'une critique judicieuse éclairent dans l'observation de la Nature, et dirigent dans l'étude des modèles; combien le desir d'obtenir le suffrage de ceux qu'on estime et qu'on respecte, soutient dans une carrière souvent pénible, et produit d'heureux efforts? Ils nous apprennent sur-tout combien l'amitié répand de douceurs sur les travaux des gens de lettres. C'est elle qui les excite, qui les rassure, qui les console : elle verse dans leur ame une joie pure, un sentiment délicieux qui la rend plus capable de produire et d'intéresser. L'écrivain isolé est toujours froid et languissant ou extraordinaire et forcé. Aussi, le principal objet des institutions littéraires, n'est pas seulement de rassembler des hommes déja célèbres par leurs succès, c'est encore de rapprocher des amis. Tel fut, Messieurs, le double motif de l'auguste fondateur que vous louâtes avec tant de noblesse et de vérité pendant sa vie, et dont vos regrets font aujourd'hui le plus bel éloge; il porta sur le trône de vastes connoissances et un cœur fait pour aimer; et en vous réunissant, Messieurs, il voulut réunir les talens et l'amitié. Il a joui de son ouvrage, il a vu votre gloire et votre bonheur sans oser aspirer à l'une, qu'il me soit du moins permis de partager l'autre; sûr de trouver des maîtres en vous, j'ai moins cherché un honneur peu mérité qu'un secours nécessaire.

FIN.

TABLE
DES MATIÈRES.

ERRATA.

Fautes essentielles à corriger.

Pag.	*lig.*	
57.	8.	*note,* mais elle, bien *lisez* elle est bien
73.	27.	chacun d'eux dans le *effacez* dans
75.	22.	*note,* l'érable à suc, *lisez* à sucre.
—	23.	*idem.* Le julipier, *lisez* le tulipier
76.	8.	*idem.* Que d'épreuves, *doit être en alinea.*
109.	6.	que leur donnoient, *lisez* que leur donnent
113.	3.	des lumières morales, *lisez* des lumières religieuses,
120.	24.	Nos fenêtres, *lisez* Mes fenêtres
140.	8.	tous lieux, *lisez* tous les lieux
152.	*dernière ligne,*	calcule le mal. *supprimez* le
154.	*avant-dern.*	d'un grand Roi ? *lisez* du grand Roi ?
155.	14.	n'est que l'équilibre *lis.* que dans l'équilibre,
156.	10.	si un Jésuite *lisez* si un Janséniste
160.	2.	Il n'y a pas si loin, *en alinea.*
—	4.	Les Philosophes, *en alinea.*
162.	1.	ils sont tous fiers, *lisez* tout fiers
171.	1.	que les grandes jouissances nuisent. *lisez* que les grandes passions naissent.
206.	3.	*note,* d'Ohir *lisez* d'Ohio
216.	17.	son hôte et le mien, *lisez* et qui étoit le mien.

www.ingramcontent.com/pod-product-compliance
Ingram Content Group UK Ltd.
Pitfield, Milton Keynes, MK11 3LW, UK
UKHW012203240726
13966UKWH00002B/552

9 782013 458740